Van Bo Le-Mentzel

DER KLEINE PROFESSOR

34 Dinge, die mich mein Sohn über das Leben, die Liebe und die Welt gelehrt hat

ecoWIN

Gesetzt aus der Minion Pro, Helvetica, Adobe Garamond

Medieninhaber, Verleger und Herausgeber:
Red Bull Media House GmbH
Oberst-Lepperdinger-Straße 11–15
5071 Wals bei Salzburg, Österreich

Satz: MEDIA DESIGN: RIZNER.AT
Printed in the Czech Republic
ISBN 978-3-7110-0103-0

1 2 3 4 5 6 7 8 / 19 18 17 16

Allen Müttern dieser Erde gewidmet.
Im Besonderen Luise.

INHALT

Vorwort

Vor fast drei Jahren kam unser erstes Kind auf die Welt. Bevor unser Sohn in unser Leben trat, hatte ich sehr viel Groll in mir angesammelt. Ich war sehr zornig und habe mich mit der ganzen Welt angelegt, so kam es mir vor. Außer mit meiner Frau natürlich. Die hätte aus mir sofort eine Tasche gemacht. Eher mit der restlichen Welt. Ich habe überall Ungerechtigkeit gesehen. Sobald ich die Zeitung aufschlug, wurde ich abwechselnd wütend und traurig.

Das hat etwas mit meiner Geschichte zu tun. Ich bin einer von diesen Flüchtlingen. Glücklicherweise kann ich mich an die Ereignisse damals nicht mehr erinnern. Ich war zum Zeitpunkt meiner Flucht noch im Bauch meiner Mutter. Das war im Jahre 1977. Die Welt war damals noch übersichtlich aufgeteilt in Gut und Böse. Sie wurde im Osten beherrscht von den Kommunisten (den Bösen mit dem Hammer und der Sichel) und im Westen von den Kapitalisten (den Guten mit Coca-Cola und den Kaugummis). Als die Kommunisten Vietnam in einem blutigen Krieg eroberten, haben im Nachbarland Laos sehr viele Menschen in Angst gelebt. In Laos haben sich eines Tages auch die Kommunisten breitgemacht, und amerikanische Soldaten haben vorsorglich zwei Millionen Tonnen Landminen verstreut, um den kommunistischen Kämpfern das Leben schwer zu machen. Bedroht haben sie damit aber das Leben der laotischen Bevölkerung. Unzählige Kinder sind beim Spielen versehentlich auf diese Minen getreten und haben ihre Hände und Beine verloren.

Meine Mutter war eine Vietnamesin. Eine Schneiderin, die in Laos wohnte, in Pakse. Das war keine bedeutende laotische Großstadt, aber sie war eine strategisch wichtige Stadt, weil sie direkt an das nichtkommunistische Thailand grenzte. Die beiden politischen Systeme wurden nur von einem 30 Meter breiten Fluss namens Mekong getrennt. Mein Vater war ein Elektriker aus China, lebte aber auch in Pakse. Mein Kreißsaal war irgendwo zwischen Gut und Böse, im thailändischen Nong Khai in der Nähe eines Flüchtlingslagers. Von mir gibt es keine Geburtsurkunde und deshalb habe ich auch keinen echten Namen. In meinem Ausweis steht zwar Van Bo als Vorname. Doch mein wahrer Name ist Jumbo, wie das Flugzeug. Mein Bruder heißt übrigens Boeing. Ja, die waghalsige Fluchterfahrung schützt nicht vor schlechtem Humor. Und Le ist auch nicht mein wahrer Familienname, sondern der Name einer vietnamesischen Familie in Deutschland, die wir im thailändischen Flüchtlingslager kennengelernt haben. Frau Le, die offensichtlich politisch verfolgt wurde, war so nett, meine Mutter als ihre Schwester auszugeben. Wenn man politisch verfolgt wird, dann kann man in Deutschland einreisen, ohne sich erklären zu müssen. Meine Eltern hingegen wurden von niemandem verfolgt. Wir hatten einfach nur wahnsinnig viel Angst vor den Kommunisten und keine Lust auf Landminen.

So kamen wir 1979 in die BRD, nach Westberlin. Und so kam der Name Le in meinen Ausweis. Mit Ehrlichkeit wären wir nicht weitergekommen. Ist es nicht traurig, dass Menschen so viel Mühe auf sich nehmen müssen, um der nachfolgenden Generation ein Leben ohne Angst bieten zu können? Meine Eltern haben ihr Leben riskiert, damit ich niemals in die Nähe einer Mine kommen muss. Der Geburtsort entscheidet so vieles. Die Menschen auf dieser Welt haben ein so unterschiedliches Los, zahlen aber alle mit der gleichen harten Währung.

30 Jahre später habe ich mir als Architekt einen Namen gemacht. Die Häuser, die ich entwerfe, sind sehr klein. Das kleinste Haus, welches ich gebaut habe, ist so klein, dass es in eine U-Bahn passt. Ich habe es für Wohnungslose entworfen, um ihnen ein Obdach zu ermöglichen, ohne dass sie ein Grundstück erwerben müssen. Ich habe es Ein-Quadratmeter-Haus getauft, weil es nur einen Meter breit ist. Wenn man das Haus auf die Seite kippt, kann man die zwei Meter lange Giebelseite nutzen, um darin zu schlafen.

Als ich 36 Jahre wurde, änderte sich alles. Denn da kam der Kleine Professor in mein Leben. So nenne ich meinen Sohn, weil ich so viel von ihm lerne.

Eine andere Meisterin, von der ich viel gelernt habe, war eine Frau namens Weiße Mutter. Sie trat 1992 in ein buddhistisches Kloster ein und verabschiedete sich mit einem Gelübde von der dinglichen Welt und von ihren vollen schwarzen, schulterlangen Haaren. Die Weiße Mutter trug von diesem Jahr an ein orangefarbenes Gewand und meditierte jeden Tag mehrere Stunden. Sie war sehr beliebt. Sie sagte, sie wolle fortan allen Kindern dieser Welt eine Mutter sein. Viele Waisenkinder freuten sich über sie. Mir brach es das Herz. Weil ich eines ihrer leiblichen Kinder war.

Sie verließ unsere Familie, als ich 14 Jahre alt war. Ich weinte bitterlich, als ich sie zum ersten Mal in dieser Uniform sah. Ohne Haare. Ein runder Kopf mit zwei Augen, die ich eigentlich kennen sollte, aber die mir so fremd geworden waren. Ich wollte sie umarmen, weil ich sie so sehr vermisste. Doch sie sagte, ich müsse jetzt stark sein, weil ich nun keine Mutter mehr hätte. Sie habe nun viele Kinder. Sie hatte mich über Nacht zu einem Bruder aller Kinder dieser Welt gemacht. Natürlich habe ich diesen Satz in dem Moment nicht verstanden. Mir schossen die Tränen direkt aus dem Herzen in die Augen. Ich begriff, dass es irgendwie eine Strategie sein musste. Meine Mutter hatte einige Jahre vor ihrem Eintritt in den Orden ihren Vater verloren. Er und sein Erstgeborener waren die einzigen in der Familie, die damals 1977 nicht über den Mekong geschwommen waren. Meine Mutter hatte ihrem Vater versprochen, ihn nach Deutschland zu holen, wenn sie das Geld hätte. Als Schneiderin schuftete sie in einer Fabrik in Nachtschichten am Fließband und zog in Berlin-Wedding zwei Kinder groß, die Boeing und Jumbo hießen.

Es vergingen mehr als zehn Jahre, und die Zeit war immer noch nicht reif, der Zeitpunkt noch immer nicht perfekt, um ihrem Vater einen Besuch in Deutschland zu ermöglichen, damit er seine vier

Töchter, die es 1977 alle in die Flucht verschlagen hatte, wiedersehen konnte. Am Geld für das Flugticket kann es nicht gelegen haben. Vielleicht wollte meine Mutter einen noch besseren Moment abwarten, um ihrem Vater zu beweisen, dass all der Trennungsschmerz und die Opfer gerechtfertigt waren. Die Dreizimmerwohnung mit der Holzfototapete, der rote Mazda 323 und der Akkordjob am Fließband waren ihr womöglich nicht Erfolgsgeschichte genug.

Die bröckelnde Ehe meiner Eltern sorgte zudem für einen schiefen Haussegen. Es brauchte keine 15 Jahre, um dieses Kartenhaus namens Wohlstand zu Fall zu bringen. 1989, im Jahr, in dem die Berliner Mauer fiel und Deutschland die Wiedervereinigung feierte, verlor meine Mutter jegliche Hoffnungen auf Wiedervereinigung. Der Tod ihres Vaters machte ihr einen Strich durch die Rechnung und muss einen schmerzhaften Pflock in ihr Gewissen gerammt haben, der nach außen hin wie Trauer aussah, aber innen drin ihr Dasein, ihre Berechtigung auf ein besseres Leben aufgefressen haben muss. Es war eine schwierige Zeit. Sie trennte sich von meinem Vater.

Ich war zwölf, elternlos und sah in unserer Küche, wie sich das dreckige Geschirr in den beiden Spülbecken türmte. Fliegen, die allen egal waren. Auf dem PVC-Boden der Küche wuchs eine Fettschicht, weil die Fritteuse die einzige Maschine war, die ich bedienen konnte, und Tiefkühlpommes mit Ketchup das einzige »Rezept«, das ich kannte. Ich war eines dieser verwahrlosten Kids aus dem Wedding, die eher zum Trash-TV des Mittagsprogramms passten als zu der heroischen Erfolgsgeschichte von den mutigen Aussiedlern, die es bis nach Deutschland geschafft hatten. Ein Treppenwitz über eine Familie, die noch nicht mal ihren Namen rüberretten konnte. Meine Mutter und ihr Fluchtversuch. Gescheitert. Sie war zwar in Deutschland angekommen und es gab keine Landminen weit und breit. Aber wo war sie wirklich angekommen? In einem unberechenbaren Minenfeld aus Gewissensgräben. Diesmal gab es keine Amis, die man hätte beschuldigen können. Keinen Klassenfeind, den man für die eigene Misere verantwortlich hätte machen können. Der einzige Feind war sie selbst und ihre Illusion vom naiven Abenteuerglück, das mit qualvoller Sehnsucht erkauft war. Und jeder weitere Tag trieb ihr noch mehr Splitter durch den grünen Pass in ihr vietnamesisches Herz.

Ich verstand, dass ihr Herz ausbluten würde, wenn sie nichts unternahm, und so akzeptierte ich ihren Weg zur Religion als Medizin, der zwar in meinem Herzen neue Wunden aufriss, aber ihre Wunden zu heilen vermochte. Sie ging tatsächlich auf im Kloster. Sie lernte mit 34 noch eine völlig neue Sprache, Kantonesisch, und leitete fortan buddhistische Zeremonien in ganz Europa, in Indien und in New York. Meine Mutter fing an zu leben. Das ist die eine von zwei Lektionen, die ich von der Weißen Mutter lernte: Achte auf deine persönliche Gesundung und traue dich, glücklich zu sein! Du wirst dabei vielleicht anderen Menschen wehtun, die du sehr liebst, aber du bist es dir selbst schuldig, auf dein Seelenheil zu achten. Sie gab mir den vietnamesischen Namen Tien Tien, was soviel bedeutet wie »Engel«. Dem Kleinen Professor ist sie nie begegnet.

Die Weiße Mutter starb im Alter von 41 Jahren während einer Bildungsreise in Rom an einem Hirnschlag. Völlig unerwartet. Da war ich 19 Jahre alt. Das war die zweite Lektion: Warte nicht, lebe! Umgib dich mit Menschen, die du liebst! Jeden Tag. Denn jeder Tag könnte der letzte sein.

Das ist auch der Grund, warum ich dieses Buch schreiben muss. Als meine Mutter starb, war sie so alt wie ich heute und hinterließ viele Fragen. Durch das Studium beim Kleinen Professor habe ich Antworten gefunden. Diese will ich mit der Welt teilen. Es sind Antworten auf die Frage, wie ich mit meinem Groll auf die Welt umgehen kann. Der Kleine Professor öffnete mir den Blick auf die Welt aus einer völlig anderen Perspektive und versöhnte mich mit ihr. Während ich diese Zeilen schreibe, bin ich im sechsten Semester angekommen. Das Buch ist mein Weg, Danke zu sagen. Für die wertvolle und lehrreiche Zeit, die ich mit dem Kleinen Professor bislang verbringen durfte und mit seiner wundervollen Mutter auf dieser wundervollen Welt.

Mit galaktischen Grüßen,
Van Bo Le-Mentzel

Berlin, im Herbst 2016

1

Liebe beginnt mit Fürsorge

(Neun Monate vor der Geburt)

Hoch lebe die Liebe.

Was für ein großes Wort. So groß, dass viele Erwachsene die Liebe nur noch in Notfällen in Erwägung ziehen. Als Jugendlicher war ich ständig verliebt. Liebe hat überhaupt nichts mit Lebenserfahrung zu tun. Ich habe mich zum ersten Mal unsterblich verliebt in ein Mädchen namens Samira. Da war ich sechs Jahre alt. Es war mir sehr unangenehm, mit ihr zu spielen, weil ich ja eigentlich schon mit einem kleinen Blondschopf namens Mariam zusammen war. Mariam hatte immer so eine unappetitliche Rotznase. Zu meinem (und Samiras) Glück konnte ich in Erfahrung bringen, dass Mariam nie mitbekommen hatte, dass sie und ich zusammen waren. Das kann daran liegen, dass ich einfach vergessen hatte, es ihr mitzuteilen.

Wenn ich ehrlich bin, wusste ich selbst eigentlich nie so genau, warum die Liebe so ein großes Wort ist und so viele Menschen davor Angst haben. Einige Erwachsene sagen, dass es nur dann Liebe ist, wenn es wehtut.

An einem kalten, aber sonnigen Dienstagvormittag im Februar 2013 sollte ich herausfinden, was Liebe ist. Exakt eine Woche und einen Tag nach meinem 36.

Geburtstag sollte das Geheimnis gelüftet werden, warum wahre Liebe so groß ist. Ich kannte meine Frau seit sechs Jahren und wir hatten vor einem Jahr geheiratet. Als sie an jenem Vormittag in der Toreinfahrt zu unserem Bürogelände stand, dachte ich mir nicht viel dabei. Sie war sehr selten in meiner Bürogegend und ich hätte eigentlich Verdacht schöpfen müssen. Doch leider bin ich wohl doch nicht so intelligent, wie ich mich selbst gern sehe. Meine Frau hopste aufgeregt von einem Fuß auf den anderen. Ihr Dutt, den sie aus Bequemlichkeitsgründen standardmäßig auf ihrem Kopf bündelt, hopste mit ihr um die Wette. Und ihre blauen Augen strahlten. Und ohne eine Begrüßung, ohne einleitende Worte sprach sie es aus: »Ich bin schwanger!« Sie ist eine Meisterin der Dramaturgie.

In dieser Sekunde hat sie mich zum Vater gemacht. Ohne Anfang und Ende. Ich war Vater. Als ob man das nicht erst werden müsste, sondern schon immer war. Und ich erinnere mich, dass die Uhr stehenblieb und dann allmählich wieder anlief, nur langsamer, als ob der Sekundenzeiger gegen Wasser ankämpfen müsste. Aus meinen Augen quollen die ersten Freudentränen. Sie erzählte, dass sie schon seit Wochen Schwangerschaftstests mache, und dass der vor drei Wochen negativ gewesen sei. Aber am Abend zuvor, als ich schlief, war der Test wider Erwarten positiv und sie musste vor lauter Aufregung erst mal heimlich ihre beste Freundin anrufen, um sich zu beraten. Sie kamen zu dem Schluss, dass es das Beste wäre, gleich am nächsten Morgen zum Frauenarzt zu gehen und mich erst einmal nicht zu wecken. Die Frauenärztin bestätigte die Schwangerschaft und dass unser Baby am 4. November auf die Welt kommen würde. Und dass es jetzt schon eine messbare Körpergröße hatte: 3,4 Millimeter. Ein Krümel aus Erregung. Was für eine lustige Vorstellung. Ich war gedanklich schon bei Weihnachten. Zum ersten Mal zu dritt!

Doch dann änderten sich die Gefühle. Dann eroberten andere Bilder meinen Kopf. Ich, der Rapper, der Graffitischmierer, der Sprühdosenklauer, der Verantwortungsflüchtling und das ewige Kind sollte nun selbst ein Vater sein? Windeln wechselnd? Einen Zweijährigen im Kinderwagen bugsierend? Erhaben die bohrenden Warum-Fragen eines Dreijährigen beantworten? War ich das?

Und man ist ja nicht nur Vater, wenn das Kind fünf ist. Man ist ja noch Vater, wenn das Kind acht ist und die Schule schwänzt oder mit 13 den ersten Joint probieren will. Und man ist auch Vater, wenn das Kind mit 21 betrunken Auto fährt und ein lebensbedrohliches Schädeltrauma erleidet. Und man ist auch Vater, wenn das Kind mit 34 in eine Midlife-Crisis fällt und mit 55 womöglich an einer unheilbaren Krankheit leidet. Man ist nicht nur Vater, wenn das Kind in die Welt kommt, sondern auch dann, wenn es die Welt verlässt. Konnte ich das? Konnte ich diesem Kind der Vater sein, den es braucht? Zu jeder Zeit, ohne Anfang und Ende?

Ich traute mich nicht so recht, meiner Frau zu beichten, dass ich in diesem Moment auch den Zweifeln und den Sorgen Raum gegeben hatte. Doch ich merkte, dass nicht nur ich besorgt war. Auch sie war es. Ihre Miene verzog sich und ihre Augen benetzten sich mit Kummer. Sie hatte nicht gewusst, dass sie schwanger war, als sie vor lauter Schmerzen nach einer Zahn-OP Antibiotika genommen hatte. Und sie war zudem auch noch geröntgt worden. Dabei steht doch überall, dass man während der Schwangerschaft die gefährlichen Röntgenstrahlen meiden sollte. Vor allem in der Frühschwangerschaft. Was, wenn das die Gesundheit unseres Kindes gefährdet hatte? Wenn hieraus eine Missbildung entstünde? Wie würden wir mit einem behinderten Kind umgehen? Abtreiben? Zu unserer Hochparterrewohnung sind es fünf Stufen. Wie sollte man da mit einem Rollstuhl hoch? Mussten wir in jedem Fall umziehen? Wir waren doch so glücklich in unserer Zweiraumwohnung mit den schönen, ochsenblutroten Dielenböden. Oder es käme womöglich noch schlimmer. Was, wenn unser Kind diese Antibiotika nicht überlebte? Wenn es sterben würde? Wir machten uns Sorgen. Und mir fiel nichts ein, wie ich meine Frau beruhigen konnte.

Viele Monate, bevor unser Sohn das Licht der Welt erblickte, waren seine Eltern bereits voller Fürsorge. Es waren Sorgen, die ich noch nie in meinem Leben vorher verspürt hatte, weil ich wusste, dass sie völlig unabhängig davon waren, wer unser Kind sein würde, wie sein Charakter sich entwickelte, wie es aussah oder wie es zu uns wäre. Fürsorge ist frei von Bedingungen. Die Fürsorge würde nun unsere ständige Begleiterin sein. Solange wir leben. Das ist wahrhaftig eine große Sache. Und ich verstand, warum Liebe deshalb als großes Wort gilt. Denn Liebe heißt nicht nur das Funkeln der Sterne und die Erotik des Moments. Liebe ist anders als Verliebtsein, weil sie keinen Anfang und kein Ende braucht. Liebe beginnt nicht. Liebe endet nicht. Liebe ist. Ich konnte es nicht glauben, dass unser Kind auch schon war. Und zwar ganze 3,4 Millimeter groß. Das entspricht dem Abstand zwischen diesen beiden Klammern: (☺). Wahnsinn, oder?

2

Wissen ist kein Verwandter von Liebe

(Acht Monate vor der Geburt)

»**Oben** im zweiten Stock des Ärztezentrums können Sie gleich einen Termin für die Nackenfalte machen«, sagte die Frauenärztin.

Unser Baby war nun in der 13. Schwangerschaftswoche und reif für die Untersuchung der Nackenfalte. Mit einem speziellen Verfahren wird die Nackenfalte vermessen, wo sich zwischen der 11. und der 14. Woche Flüssigkeit ansammelt, die im Laufe der Schwangerschaft wieder verschwindet, wenn die Organe des Kindes richtig arbeiten. Bei verschiedenen Störungen wie dem Downsyndrom ist die Falte breiter. Kurzum: Die Nackenfaltenmessung würde andeuten, ob wir mit einer Behinderung rechnen mussten.

»Wenn du wüsstest, dass unser Kind nicht gesund ist, würdest du es weniger lieben?«, fragte ich meine Frau, die ungläubig dreinschaute. Sie musste darauf keine Antwort geben, wir funkten auf derselben Wellenlänge.

Doch was wäre, wenn? Wenn unser Kind eine volle Betreuung bräuchte? An den Rollstuhl gefesselt wäre? Wer würde das alles bezahlen? Müsste einer von uns beiden seinen Job aufgeben, auf Hobbys und Träume und letztendlich auf sein Leben verzichten? Würde unsere Beziehung stark genug sein? Würde ich überhaupt in der Lage sein, dieses Kind zu lieben? Wenn es einen verzerrten Mund hätte und sabberte und keinen richtigen Satz sagen könnte?

Man kann sich ganz diesen Horrorszenarien hingeben. Man kann das aber auch sein lassen und die alles entscheidende Frage stellen: Nimmst du die Herausforderung des Lebens an? Die Frage, wie das Leben wäre, wenn wir ein behindertes Kind hätten, ist ja nur eine von vielen »Was wäre, wenn ...«-Fragen, die einen überfordern können. Was, wenn wir auseinandergehen? Was, wenn ich selbst unheilbar krank werde? Was, wenn ich sterbe? Was, wenn mich morgen einer dieser irren U-Bahn-Schubser aufs Gleis stößt (passiert selten, aber immer wieder mal)? Was, wenn ein Krieg ausbricht? Würde ich mich ernsthaft gegen das Leben entscheiden? Würde ich das Nichtleben bevorzugen, wenn ich wüsste, dass es nicht gut wird?

In diesen Tagen war ich sehr bewegt und veränderte meinen Blickwinkel auf behinderte Menschen. Ich erinnere mich daran, dass ich eines Tages einen geistig behinderten Mann in der U-Bahn sah. Er war in Begleitung einer älteren Dame. Er lachte und verzog dabei sein Gesicht zu einer Fratze. Ich weiß nicht, was in mich gefahren war, doch ich empfand ihn überhaupt nicht als hässlich oder entstellt. Ich sah das Liebenswerte in ihm, wie ich es noch nie vorher in einem geistig behinderten Menschen gesehen hatte. Ja, ich dachte sogar, dass dieser Mann schön war. Und niedlich, schützenswert wie ein Baby, und mir kamen die

Tränen. Er sah mich nicht. Er hörte nicht auf, sich zu freuen. Und ich fragte mich, wenn er hätte wählen können, ob er auf die Welt kommen dürfe, hätte er sich gegen das Leben entschieden?

Ich weiß nicht woher, aber ich weiß, dass wir Menschen zum Leben tendieren. Auch wenn es mal richtig Kacke sein sollte. Menschen wollen leben. Um jeden Preis. Uns alle eint, dass wir keine »Was wäre, wenn ...«-Wesen sind, sondern Wesen, die leben wollen: Lebewesen.

Und ich fragte mich, wem das Wissen, dass das Baby mit großer Wahrscheinlichkeit behindert wäre, eigentlich nützen sollte. Ich möchte mir nicht ausmalen, welche moralischen Gewissensfragen Eltern aushandeln mussten, wenn sie sich für eine Abtreibung entscheiden. Sollte das Gegenteil diagnostiziert werden, macht dieses Wissen das Leben ja auch nicht einfacher. Mit welchen Enttäuschungen müssen die sicherheitsorientierten Eltern klarkommen, wenn sich herausstellt, dass das Kind, das Leben und die Eltern doch nicht so perfekt sind, wie es im zweiten Stock des Ärztezentrums den Anschein machte. Das Leben hat ja mehr an Überraschungen parat als eine Nackenfalte.

Wir entschieden uns gegen den zweiten Stock, gegen dieses Wissen und für das Leben. Für die Herausforderung, es gemeinsam schaffen zu können. In unserem Wissenszeitalter ist Wissen und alle seine Götzen (Doktortitel, Abschlüsse, Zertifikate, Forschungsprojekte, usw.) zu einem mächtigen Gott geworden, den man niemals infrage stellen darf.

Interessanterweise sind gerade diejenigen, die sehr viel Wissen produzieren, die kinderärmsten Menschen hierzulande. Journalisten und Studierende bekommen am spätesten und die wenigsten Kinder. Wissen befördert also nicht den Fortbestand der Menschheit, sondern eher das Gegenteil. Wer zu viel weiß, hat womöglich zu viel Angst. Vor der Liebe, vor dem Leben und vor der Zukunft. Wissen kann kein Verwandter von Liebe sein.

3

Der Mensch ist ein tanzendes Wandelwesen

(Sieben Monate vor der Geburt)

Formen wie ein C, eine Edamame-Bohne oder ein Seepferdchen. Unser Kind hatte schon alles durch. Anfangs war alles nur Form. In der zwölften Woche wurde die Form zu einem Baby. Unsere Frauenärztin war ganz angetan.

»Das ist ja wie im Schulbuch!«, begeisterte sie sich mit dieser wunderbaren jungfräulichen Fröhlichkeit und druckte zahlreiche Fotos für ihre eigene Dokumentation aus. »Schauen wir mal, ob wir das kleine Ding wach bekommen.«

Dann drückte sie mit einer Handfläche fest in den Bauch meiner Frau und siehe da: Das Baby hüpfte! Es drückte sich von der einen Seite weg und tanzte wie eine aufbegehrende Kriegerfigur aus einem chinesischen Schattentheater. Für mich war es schwer vorstellbar, dass sich das alles ja gerade in Echtzeit im Bauch meiner Frau abspielte. Für mich fand das alles nur auf dem Bildschirm statt.

Wir kamen aus dem Staunen nicht raus, als die Ärztin den Bildausschnitt auf den Kopfbereich vergrößerte. Wir konnten sein Gesicht sehen. Die kantige Nase von seiner Mama! Wir konnten seine Finger zählen und sahen ihm zu, wie er sich bereits den Daumen in den Mund steckte. Alles war da. Seine Beinchen, sein Bäuchlein. Alles. Davor hätte es auch der Embryo eines Schimpansen, einer Maus oder eines Wolfes sein können. Dann holte die Frauenärztin zu einem Vortrag aus: »In der Tat haben Forschungen aus der Biologie bereits vor mehr als einem Jahrhundert ergeben, dass sich Fische, Krokodile, Vögel, Säugetiere und Menschen als junger Embryo erstaunlich ähnlich sehen.«

Ganz am Anfang sah unser Baby aus wie ein Seepferdchen. Es hatte in den ersten Wochen einen Rumpf und vier Kiemen wie ein Fisch. Aus diesen Kiemenbögen entwickelten sich später Kiefer, Kaumuskulatur und das Innenohr. Spektakuläre 4-D-Fotografien zeigen, dass auch Elefantenembryos mehrere Merkmale aufweisen, die darauf hindeuten, dass die Vorfahren der Elefanten im Wasser gelebt haben müssen. Molekularforscherinnen und -forscher haben sich die Gene angeschaut und kamen zu dem erstaunlichen Ergebnis, dass grundlegende genetische Informationen von der Seeanemone bis zum Schimpansen identisch sind. Anders ausgedrückt: In den ersten vier Wochen durchlief unser Baby 400 Millionen Jahre der Geschichte des Lebens auf Erden im Schnelldurchlauf. Die Frage ist: Warum wachsen uns als Embryos noch mal Schwanz oder Kiemen, wenn wir sie am Ende dann doch nicht mehr brauchen? Ist das nicht ein unnötiger embryonaler Rückschritt?

Es gibt ein weiteres Phänomen, das Forschende umtreibt. Es geht um die Organzellen. »Wie ist es möglich, dass all diese Zellen zu ganz unterschiedlichen Orten wandern, als ob sie von irgendwoher eine entsprechende Anweisung erhalten hätten, verschiedene Organe zu bilden?«, fragt sich der türkische Prof. Dr. Cevat Babuna von der Universität Istanbul in einer Fernsehdokumentation. »Dies zeigt ganz deutlich, dass diese unbewussten Zellen, die in ihrer Genetik identisch sind, die nicht wissen können, wozu sie bestimmt sind, plötzlich einen Befehl von irgendwoher erhalten und daraufhin das Gehirn, das Herz und alle anderen Organe formen.«

Ein Befehl von oben? Wer soll das schon sein? Natürlich Gott, werden nun Gottgläubige antworten. Verfechter dieser Theorie sind gleichzeitig Kritiker der darwinistischen Evolutionstheorie. Die sogenannten Kreationisten nehmen die Schöpfungsgeschichte aus der Bibel beim Wort. Demnach ist die Erde maximal 12 000 Jahre alt und der Mensch nicht Produkt aus Mutation und Zufällen, sondern Ergebnis eines intelligenten Schöpfers. Diese Theorie vom *Intelligent Designer* wird in Europa belächelt, in den USA glaubt jeder dritte Mensch daran. In vielen US-amerikanischen Schulen steht das Schulfach »Intelligent Design« gleichberechtigt mit »Evolutionstheorie« auf dem Lehrplan, und auch hierzulande halten einige Christen und Muslime an diesem Weltbild fest. Ehrlich gesagt, die Evolutionstheorie glänzte nicht gerade mit einer Erfolgsgeschichte: Die Vorfahren des Menschen waren Einzeller im Matsch. Wer hat nun Recht? Die Kreationisten oder die Darwinisten? Unser Baby sollte mir hier alsbald eine Antwort liefern, die sowohl den Kreationisten als auch den Darwinisten gefallen wird. Hierzu später mehr.

Doch wozu spulen sich die verschiedenen, scheinbar unnützen embryonalen Stadien unserer Vorfahren in den ersten Wochen ab? Warum entwickelt sich der Embryo nicht schnurstracks auf einen gesunden Menschenkörper hin? Warum müssen sich Kiefer und Ohrknorpel so umständlich aus einem Kiemen herausbilden?

Mein Gedanke hierzu: Der Mensch ist kein statisches Wesen. Wir alle sind am Anfang alles, nur nicht eines: Mensch. Wir sind zuerst Einzeller, Seepferdchen, lustiges Edamame-Böhnchen, ein Wolf mit behaarten Schultern und was weiß ich noch. In erster Linie sind wir Wandelwesen. Das sollte man sich vielleicht von Zeit zu Zeit vor Augen führen: Der Mensch ist kein fertiges Wesen, sondern wandlungsfähig. Die embryonale Reise ist eine Erinnerung daran, dass wir niemals stehen bleiben dürfen, sondern uns an die neuen Gegebenheiten und Herausforderungen anpassen können. Allerdings nie ohne den Respekt vor unseren Vorfahren zu verlieren. Wir tragen sie in uns. Die gebündelte Intelligenz der Überlebensgeschichte tanzt in uns.

4

Wir sind Wohnanalphabeten

(Zwei Monate vor der Geburt)

»Hier ist noch Platz!«, sagte ich auf der Leiter stehend. »Hier könnte ein Hochbett hin.«

Dieser harmlose Vorschlag war der Auslöser eines Streits, der so heftig war wie schon lange keiner mehr. Ich wusste, dass meine Frau auf Hochbetten allergisch reagierte. Sie hatte sich in ihrem Jugendzimmer jahrelang mit einem Hochbett abgeben müssen. Ihr Bauch war schon recht groß und mit dem Anwachsen des Bauches stieg der Druck, unsere Wohnungsfrage zu klären.

Es ging um die Frage, wie wir zu dritt wohnen würden. Wir lebten in einer Zweiraumwohnung, 56 Quadratmeter und zahlten gerade mal sechs Euro pro Quadratmeter. Hochparterre. Mitten im Kreuzberger Trubel, zwischen Rathaus und Puff am Mehringdamm. Ein Mietshaus aus der Gründerzeit, um 1900 gebaut, mit hohen Decken und hölzernen Kastenfenstern.

Meine Frau war der Meinung, dass unser Sohn ein eigenes Kinderzimmer bräuchte, und zwar im Hofzimmer. Wir wehrten uns gegen die Kategorien »Schlafzimmer« und »Wohnzimmer«, weil sie uns einschränkten. Ein eigenes Kinderzimmer würde bedeuten, dass wir unsere Möbel, unsere Bücher, unsere Kleider aus dem Hofzimmer ins Karnevalszimmer bringen müssten. Das Karnevalszimmer hieß so, weil es zur Straße zeigte, wo der Karneval einmal im Jahr vorbeirauscht. Mir graute es vor der Vorstellung, dass wir nun eine Miniwelt in einer Erwachsenenwohnung installieren müssten, mit Wolken an der Wand und Kindermöbelchen und Kinderschreibtischchen und Kinderkleiderschränkchen. Es ist vollkommen klar, dass diese Möbel nicht für Kinder entworfen wurden. Kein einjähriges Kind wird sich die Kleidung selbst aus dem Schrank nehmen, das machen immer noch Erwachsene. Und dass Babys einen Wickeltisch brauchen, halte ich für einen Mythos der Möbelindustrie.

Ich schlug im Hofzimmer ergänzend zum Hochbett eine Trennwand vor, die auch gleichzeitig Kleiderschrank wäre. Doch beim Hochbett blieb meine Frau hart. Es führte wohl kein Weg daran vorbei, dass wir auszögen. Es gab Zoff.

Sind wir an dem Kinderzimmer gescheitert? Nein, an einem entscheidenden Knackpunkt des Kapitalismus: Der Kapitalismus braucht Wachstum. Er braucht es, dass Menschen gierig bleiben in ihrem Wohnraumkonsum. Nach dem Zweiten Weltkrieg betrug die durchschnittliche Wohnfläche eines Deutschen noch 20 Quadratmeter. In nur 60 Jahren hat sich dieser Standard verdoppelt und die Tendenz ist steigend. Das spielt der Wirtschaft in die Hände, denn ein größerer Wohnraum muss auch bespielt werden, mit Waschmaschinen, Unterhaltungselektronik, Möbeln und ganz viel Zeug, das gekauft, gewartet und entsorgt werden will. Alles Brandbeschleuniger des Kapitalismus. Unser steigender Wohnraumkonsum zerstört unsere menschlichen Lebensgrundlagen. Zuerst die der armen Menschen, die keinen Zugang nach Europa haben, die für uns die Bäume fällen in den Regenwäldern und die, die die Erze aus den Bergwerken kratzen, damit unserer Hardware technisches Innenleben eingehaucht werden kann. Ausbeuterischer Wahnsinn für ein bisschen mehr Wohnsinn. Ziehen wir um, liefern wir uns der Logik des Kapitalismus aus, dass jeder Mensch so viel fremdbestimmter Lohnarbeit wie möglich nachgehen und immerzu nach Höherem streben sollte.

Und alles nur, weil die Menschen Wohnlegastheniker sind. Weil sie nicht die Fantasie haben, in einer kleinen Wohnung glücklich zu werden, die Zimmer so zu gestalten, dass darin auch ein Baby seine Spielräume hat. Warum können wir es uns nicht vorstellen, aus dem Küchenzimmer auch ein Arbeitszimmer zu machen oder gar ein Schlafzimmer? Warum stellen wir eigentlich alle Möbel immer an die Wand und lassen die Mitte des Zimmers frei und ungenutzt? Warum können wir uns nicht vorstellen, unsere Nachbarschaft miteinzubeziehen? Das Café unten im Souterrain zum erweiterten Wohnzimmer erklären? Oder den schönen Gleisdreieckpark zur Terrasse, die es zu Hause nicht gibt? Braucht man einen großen Kühlschrank, wenn es zwei Supermärkte um die Ecke gibt, die voll sind mit Kühlschränken?

War es nicht mal so, dass man sein Einkommen so planen sollte, dass man das Dreifache der Miete einnimmt? Für viele Menschen hierzulande ist das nicht mehr möglich. Die Hälfte des Geldes geht an den Vermieter. In vielen Großstädten ist es sogar so, dass Wohnen bis zu 80 Prozent des Einkommens einnimmt. Warum trauen sich Architekten nicht, Grundrisse zu bauen, die so gestaltet sind, dass sie 100 Euro pro Monat kosten? Eine kleine Kammer mit Bett, Küchenzeile und Mini-WC. Die 100-Euro-Wohnung. Diese bräuchten wir en masse, nicht zuletzt als Ausweichorte, wenn wir im Hamsterrad kürzertreten wollen. Irgendwann wird es hoffentlich Wohnraum geben, der gar nicht mehr an ein Grundstück gekoppelt ist. Wohnräume, die durch die Luft schweben. Wohnraum im Wasser. Im Zug. Im selbstfahrenden Auto. Wir haben nicht zu wenig Wohnraum, wir haben zu wenig Fantasie.

Meine Frau und ich einigten uns schlussendlich. Ich stieg von der Leiter und versprach ihr, von meinen Hochbettfantasien abzurücken, und sie rückte davon ab, dass unser Sohn ein eigenes Zimmer bekam. Wir entschieden uns gegen einen Auszug und für die Fantasie. Ich baute ein neues, raumhohes Wandregal mit integriertem Wickeltisch. Wir hatten bis zur Geburt und viele Monate danach keine Lösung für die Frage, wie wir zu dritt wohnen sollten. Erst sehr viel später tauschten wir die Couch im Karnevalszimmer in ein Bettsofa um. Wir haben ein chronisches Klamottenchaos zu Hause, das wir bis heute nicht gelöst bekommen. Doch es war gut, dass wir uns gegen das Wachstum unseres Wohnraumkonsums entschieden haben. Es ermöglichte uns die Freiheit, an unserem eigenen Wohnanalphabetismus zu arbeiten.

5

Die großen Zusammenhänge bleiben unsichtbar

(Tag der Geburt)

Fantastische Erkenntnisse über meine Frau sollte ich in wenigen Stunden sammeln. Am Morgen war daran aber noch nicht zu denken. Den ganzen Tag über plagten meine Frau Attacken, die sie in sich zusammensacken ließen. Am Morgen kamen sie alle 20 Minuten. Sofort riefen wir bei unserer Hebamme an, die uns so souverän strategisch und bestimmend ruhig wie ein Schiffskapitän manövrierte. Mir wurde klar, dass Hebammen den wohl wichtigsten Beruf der Welt ausüben.

Um 16 Uhr kam die Hebamme zu uns nach Hause. Ich drehte die Meditationsmusik leiser. Doch der Muttermund hatte sich gerade mal einen Zentimeter geöffnet. Was für eine Enttäuschung! All die Qualen seit heute Morgen für lächerliche zehn Millimeter? Erst ab zehn Zentimetern würde das Baby kommen. Sie empfahl uns, zu Hause zu bleiben und uns erst wieder zu melden, wenn die Wehen im Abstand von fünf Minuten kämen. Im Kreißsaal könne man auch nichts anderes tun als warten. Also warteten wir, und meine Frau fing an zu schluchzen und konnte sich nicht mehr kontrollieren, wenn die Wehen kamen. Sie verwandelte sich in Jekyll und Hyde. Wenn die Wehen kamen, ging sie auf die Knie und tätowierte ihren Schmerz mit ihren Fingerspitzen in meine Unterarme. Sobald die Wehen verschwanden, konnten wir ganz normal weiterreden, als ob nichts gewesen wäre.

Nun kamen die Wehen auch schon in kürzeren Abständen, und um 20 Uhr fuhren wir in die Klinik, wo wir in einem fensterlosen, aber gemütlichen Raum mit einer frei stehenden Badewanne eintrafen. In dem warmen Badewasser sah ich die Fruchtblase platzen. Das bedeutete: Zentimeter fünf war erreicht. Halbzeit! Kurz nach Mitternacht war der Muttermund vollständig geöffnet und ich war völlig entkräftet. Es brauchte nur noch wenige Wehen, und dann kam der Kopf, ich sah ein rotes, zerknautschtes Gesicht. Die Augen blickten ungläubig, aber nicht ängstlich in die Luft. Der Rest des Körpers war noch in der alten Welt gefangen. Und dann ging alles sehr schnell. Mit den nächsten Wehen flutschte der gesamte Körper hinaus, ich hörte seine Stimme, ein weinerliches Klagen, und wunderte mich erneut, wie meine Frau schlagartig vom Kampfmodus in den Fürsorgemodus überging. Sie nahm unseren Sohn mit einer Zärtlichkeit in den Arm, als ob sie ihn schon immer gehalten hatte. Er schloss seine Augen wieder und ich merkte, dass ich nicht mehr in mir war. Ich war völlig woanders. Ich merkte es daran, dass ich auf den Uhrzeiger schaute, der 1.13 Uhr anzeigte. Als ich eine Minute später wieder auf die Uhr schaute, stand da 1.21 Uhr. Eine weitere Minute später war es dann schon 1.34 Uhr. Mir entglitt mein Körper, mein Gefühl für Raum und Zeit, und wenn ich ehrlich war, fühlte ich gar nichts beim

Anblick dieses kleinen Wesens. Ich war leer. Einfach nur leer. Und unendlich müde. Ich war erleichtert, dass es meiner Frau gut ging. Nichts anderes wünschte ich in diesem Zeitpunkt.

Ich zog mein Hemd aus und legte unseren Sohn auf meine Brust. Er fühlte sich warm an. Zerbrechlich. Weich. Und er duftete nach Reinheit. Sein Kopf war noch mit Blut beschmiert, und ich wunderte mich über seine vielen Haare, die aus diesem Wirbel entsprangen. Und dann wurde er Mensch: Er hickste. Unser Sohn bekam einen Schluckauf. Wie putzig. Ich hatte gar nicht gewusst, dass Babys sowas schon können. Nachdem ich etwas überhastig die glibberige Nabelschnur mit einer Schere durchgetrennt hatte, drängte die Hebamme meine Frau, unseren Sohn zum Stillen anzulegen. Wir probierten es immer wieder und ich dachte mir: Warum so viel Tatendrang? Wollen wir den kleinen Bengel nicht erst mal ankommen lassen in der Welt? Sie erklärte, dass das für die Nachgeburt eine wichtige Rolle spiele.

Die Plazenta verbindet über zahlreiche saugnapfartige Punkte das Kind mit der Gebärmutter. Das Blut strömt durch diese Öffnungen zum Kind. Meine Frau hatte also eine hochsensible, offene Wunde in ihrem Inneren. Noch heute sterben viel zu viele Frauen genau zu diesem Zeitpunkt, wenn das Baby schon da ist und alles überstanden scheint. Wir drückten den Mund unseres Sohnes an die Brust und er schnappte zu. Wo hatte er das bloß gelernt? Er saugte. Nicht lange, aber ein wenig. Die Hebamme erklärte uns diesen Zusammenhang: Alles, was sich jetzt binnen weniger

Sekunden abspielte, ist in Wirklichkeit ein aufeinander abgestimmtes Orchester der Genesis. Das Baby kommt und nutzt erstmals die Lungen. Es schreit, um den letzten Schleim aus der Lunge zu befördern. Sobald die Mutter das Baby schreien hört, regt das die Milchproduktion in der Brust an. Die Brustwarzen werden dunkler und auffälliger, damit sie besser vom Neugeborenen gesehen werden können. Mit dem Milcheinschuss schließt sich die Gebärmutter. Die offene Wunde wird wie durch Zauberhand wieder Teil der inneren Organe. Ist das nicht Wahnsinn, wie hier jeder Schritt einen Sinn ergibt?

Ich habe in dieser Nacht das große Geheimnis entdeckt. Das Geheimnis des Lebens. Das Geheimnis, das in dieser Erde steckt und in sich den Keim zum ewigen Frieden trägt. Ich war nur zu müde, um die Zeichen richtig zu deuten. Doch eine wichtige Lektion lernte ich an diesem Tag schon mal: Mir wurde bewusst, dass es Zusammenhänge gibt, die ich nicht sehen kann. So, wie es zwischen Gebärmutter und dem Stillen eine direkte Verbindung gibt, gibt es vielleicht auch eine zwischen anderen Phänomenen in der Natur. Verbindungen zwischen meinem Körper und der Welt. Vielleicht auch zwischen mir und anderen Menschen. Ich musste an den Satz aus Saint-Exupérys Roman *Der kleine Prinz* denken: »Das Wesentliche ist für die Augen unsichtbar.«

Ich hatte die Aufnahmeprüfung bestanden und war bereit für das Grundstudium in der Universität namens »Leben«. Ich war bereit für das erste Semester und freute mich darauf, von ihm zu lernen. Von meinem Sohn, den ich von nun an den Kleinen Professor nannte.

6

Das Leben braucht einen Pakt

(Drei Tage nach der Geburt)

Der Kleine Professor schlief am ersten Tag den ganzen Tag durch. Oder war ich es? Im Krankenhaus wurde für 60 Euro pro Tag ein Bett für mich dazugestellt und die Zeit zog sich wie Gummi. Ich erinnere mich daran, dass sich alles lauwarm anfühlte, die Gespräche mit dem frischgebackenen Opa waren dumpf, die Stimme der Schwiegermutter wie in Dämmwolle verpackt. Ich war in mehrere Lagen Glückseligkeit eingerollt wie ein Dürüm und die Schwerkraft war außer Kraft gesetzt, als ich meine ersten Schritte als Vater durch die Linoleumflure machte. Der Kleine Professor konnte noch nicht sehen, er konnte noch nicht lachen. Er konnte noch nicht weinen. Er konnte nur schreien. Und er zerschnitt dabei mit seinen dünnen Ärmchen die Luft wie ein verängstigter Dirigent.

Wir mussten hin und wieder die Schwestern rufen, die meiner Frau zeigten, wie es mit dem Stillen ging. Es war wichtig, dass er jetzt viel trank. Das stärke die Bindung und finge den Gewichtsverlust auf, dem ein Neugeborenes in den ersten Tagen ausgesetzt sei, erklärten die Schwestern. Und ich wunderte mich, wie es sein konnte, dass das Stillen nicht wie von allein ging. Wie konnte es sein, dass wir so viel Anleitung brauchten?

Der Kleine Professor nahm ab, doch nicht bedrohlich. Ich trug ihn wie eine Puppe an meiner Brust und gewöhnte mich erstaunlich schnell an die neue Dreisamkeit. Doch was mich stärker beunruhigte als der Gewichtsverlust, war meine emotionale Bescheidenheit. Ich hatte erwartet, dass ich von einem unendlichen Strom der Liebe erfasst werden würde. Vater-Sohn-Liebe. Doch sie blieb aus. Ich war einfach nur froh und erleichtert, dass meine Frau wohlauf war. Zu mehr Gefühl war ich nicht imstande.

Am dritten Tag durften wir nach Hause. Die Schwester zeigte mir noch, wie ich den Kleinen Professor auf meine angewinkelten Oberschenkel setzen sollte, um ihn mit dem kleinen Finger zu beruhigen. Mit dem Gefühl, überhaupt nicht gewappnet zu sein für das Leben ohne Klinikschwestern, kehrten wir in unsere Zweiraumwohnung zurück. Es war dunkel draußen. Tiefe Nacht. Oder doch nur Nachmittag? Wer wusste das schon.

Und dann wachte der Kleine Professor auf. »Willkommen in deinem Zuhause, hoffentlich gefällt es dir hier bei uns«, sagte ich zu ihm. Aber es gefiel ihm nicht. Er fing an, zu klagen und zu schluchzen und atmete ganz hastig. Dann kam der Schrei. Ein Blick in die Windel. Doch da war nichts. Unsicherheit machte sich breit. Ich bekam es mit der Angst zu tun. Er hörte einfach nicht auf zu schreien. Ich setzte mich also auf das Bett und winkelte die Beine an, um ihm den kleinen Finger zu geben. Doch er schrie nur lauter und irgendwann so stark, dass keine Stimme mehr kam. Ein stummer Schrei. Mir kamen die Tränen. Ich war ein Versager. Mir gelang es nicht, meinen Sohn zu beruhigen. Ihm ein Gefühl der Sicherheit zu vermitteln, ihn zu beschützen.

Doch dann kam mir ein Gedanke, der mir Halt gab. Es ging nicht um mich. Es ging auch nicht um ihn. Es ging um uns als Familie. Das war neu. Wenn meine Frau und ich uneins waren, dann hatte sie eine Position und ich eine andere, die man gegeneinander antreten lassen konnte. Man konnte verhandeln, diskutieren, sich annähern, Kompromisse machen, Frieden schließen. Wir konnten in einen Dialog treten, weil wir zwei verschiedene Personen waren. Dieser Dialog zwischen dem Kleinen Professor und mir war anders. Es entstand keine Ebene, auf der man verhandeln konnte. Und ich begriff, dass ich die Vorstellung verlassen musste, dass ich eine Person war und der Kleine Professor eine andere. Sein Schmerz war mein Schmerz. Und dann änderte sich etwas.

Weil ich wusste, dass uns nichts passieren kann, solange wir vereint sind, gab ich ihm unter Tränen ein Versprechen. Ich sagte ihm, dass ich mich um ihn kümmern werde. Solange ich lebe. Er wurde ruhiger und ich daraufhin auch. Oder war es andersherum? Ursache und Wirkung spielten keine Rolle mehr.

Wir sind nicht mehr zwei Menschen, dachte ich mir. Sondern eine Einheit. Wir sind mehr als Verbündete. Wenn er leidet, leide ich. Wenn ich leide, leidet er. Meine Unsicherheit ist seine. Mein Lachen gehört nicht mehr nur mir. Meine Stärke wird seine sein. Wir waren nun eins. Es war ein Pakt mit dem Leben. Ein Pakt mit der Liebe. Danach schrie er wieder. Die Schreie sollten in den kommenden Wochen nicht weniger werden, aber sie wurden erträglicher.

Es ist ein anderes Bündnis als das, das mich mit meiner Frau verbindet. Es erinnerte mich eher an den Pakt zwischen meinem Vater und mir oder zwischen meiner Mutter und mir. Es ist ein mächtiger Pakt, weil er keine Bedingungen kennt. Und der Pakt mit meinem Sohn gibt meinem Dasein noch mehr Dasein.

Es sollte nicht das letzte Mal sein, dass ich einen Pakt schloss. Und ich lernte, dass man diese nicht nur mit Menschen schließen kann. Vom Kleinen Professor lernte ich, dass ein Pakt der Schlüssel zur Erfüllung ist. Ein schönes Leben ist eines in Freiheit. Ein erfülltes Leben ist eines mit einem Pakt.

7

Sind wir geborene Geflüchtete?

(Ein Monat)

Es trieb mich in den Wahnsinn. Es gab nur drei Zustände, in denen der Kleine Professor nicht schrie: Erstens, wenn er schlief. Zweitens, wenn er trank, und drittens, wenn ich mit ihm im Tuch spazieren ging. Ich habe einige Male versucht, ihn zu foppen und habe ihn manchmal an ganz frühen Morgenstunden noch in einem völlig nachttrunkenen Zustand ins Tragetuch gefaltet und bin dann in der dunklen Küche auf der Stelle getreten, um einen Spaziergang zu simulieren. Doch das überzeugte ihn nicht. Sobald ich auf der Stelle blieb, wurde er laut. Sobald ich einige Meter ging, wurden seine Beschwerden leiser. Sein Stimmorgan war präzise wie ein Messgerät, das meine Laufgeschwindigkeit untersuchte. Je langsamer ich lief, umso lauter wurde er. Stillstand verursachte eine Apokalypse. Dabei war es nicht wichtig, dass ich schnell ging, Hauptsache, ich produzierte Meter. Und zwar in eine Richtung und nicht im Kreis. Wege, die in einer Sackgasse endeten, wurden sofort angemahnt. Man kann auch sagen: Der Kleine Professor zwang mich, in Bewegung zu bleiben, den Ort zu verlassen, fortzuschreiten und mich nur zu Still- oder Schlafzwecken zur Ruhe zu setzen. Wurzeln schlagen war mit Neugeborenen nicht zu machen. Und es verführte mich zu dem Gedanken, dass sich hier ein tieferer Sinn mit evolutionsgeschichtlicher Dimension verbergen könnte. Es lag auf der Hand. Wer immer nur an einem Ort blieb, konnte keine neuen Ufer entdecken und wurde womöglich im nächtlichen Lager von natürlichen Raubfeinden heimgesucht. Die ständige Bewegung sicherte dem Menschen das Überleben. Und tatsächlich: Das Erschließen von neuen Wegen erfordert eine permanente Wachsamkeit gegenüber neuen Gefahrensituationen. Das Gehirn ist also ständig in Alarmbereitschaft und konstruiert permanent verschiedene Szenarien des Überlebens. Das Geschrei eines Neugeborenen ist vermutlich der Grund, warum wir Menschen überhaupt überleben konnten.

Kann es sein, dass wir Menschen aus Überlebenssicht für das Nomadenleben, wo ja das permanente Umsiedeln und Fliehen an der Tagesordnung ist, ausgerichtet sind? Sind Menschen von Natur aus Nomaden?

Wer schreibt, der bleibt – sagt man. Und Nomaden schrieben nicht. Und blieben nicht. Sie flüchteten und konnten ihre Bräuche und Gene an die nachfolgenden Generationen übergeben, während Sesshafte den Kriegen und Raubzügen zum Opfer fielen. Nomadenvölker blicken oft auf eine verblüffend lange Geschichte zurück. Die Samen gibt es fast unverändert seit Jesus (ca. 2000 Jahre) und die San sind noch viel älter (je nachdem, wen man fragt, zwischen 10 000 und 25 000 Jahre). Sogar den niederländischen und deutschen Kolonialkriegern gelang es nicht, die San völlig zu zerstören. Zum Vergleich die Bilanz der bekanntesten Siedlervölker: Die Preußen überlebten noch nicht mal 500 Jahre. Die Römer brachten es gerade mal auf 900 Jahre und die Osmanen herrschten 600 Jahre lang. Natürlich lösten sich diese Völker nicht in Luft auf, sondern gingen in andere Nationen über und vermischten sich. Man könnte auch sagen: Sie entwickelten sich weiter. Den Schreiberlingen dieser Völker ist es zu verdanken, dass sie als Sieger der Zivilisationsgeschichte wahrgenommen werden. Doch wer war hier wirklich der Sieger?

Weil den Nomaden das geschriebene Wort offensichtlich zu unzuverlässig ist, bestimmen sie nicht die Geschichtsschreibung. Das älteste Buch ist ja gerade mal 4000 Jahre alt (das *Gilgamesch*-Epos). Als *Gilgamesch* niedergeschrieben wurde, blickten die San bereits auf eine Volksgeschichte von vielen Tausend Jahren zurück. Mit großer Sicherheit werden die San sowohl das Buch als auch das Internet überdauern.

Nomadische Systeme werden zu Unrecht unterschätzt. Sie weisen gegenüber Siedlerstrukturen entscheidende Vorteile auf, die zur Steigerung der Lebensqualität führen können: Nomaden entwickelten eine ungebrochene Loyalität und Bereitschaft, sich auf Veränderung einzustellen. Sie empfanden Veränderung nicht als störend. Vor allem konnten sie ein anderes Verhältnis zu Eigentum entwickeln. Mit einem Weltverständnis, in dem Bewegung und Veränderung die Norm waren und mit einem Menschenbild, in dem man Teil keiner auserwählten Gruppe, sondern nur einer von vielen Überlebenskünstlern war, konnte ein völlig anderer Nährboden des Miteinanders, der Wertegemeinschaft und der Eigentumsfrage entstehen. Nomadische Völker setzten auf familiäre Strukturen, in denen jedes Mitglied seinen Platz finden musste, alles andere hätte die Gruppe destabilisiert. Das Gemeinwohl stand über dem Individualwohl. Fundierte Kenntnis von essbaren Pflanzen und Tierarten waren überlebenswichtig. Das etwa 80 000 Menschen zählende Volk der Samen im Norden Skandinaviens oder das etwa 100 000 Menschen zählende San-Volk in Botswana und Namibia unterschied zwischen 85 essbaren Pflanzen und 55 beutefähigen Tieren. Die San entwickelten für ihre Jagdstrategie erstaunliche Fähigkeiten, die den Marathonsport blass aussehen lassen. Sie sind noch heute Meister der Ausdauerjagd, das heißt, sie folgen unmotorisiert ihrer Beute (z. B. einer Antilope) so lange, bis sie zusammenbricht. Das kann auch schon mal ein 40-Stunden-Lauf sein.

Siedler hingegen setzten auf Wettbewerb, Austauschbarkeit, Skalierung und Ausgrenzung. Sie waren Meister im Abstecken ihrer Reviere. Dieses Abstecken drückte sich in unverrückbaren Markierungen aus Stein, Stahl oder Beton aus: pyramidenartige Grabstätten, Obelisken, Kirchtürme, Minarette (die Fahnenhalter von Glaubensgemeinschaften), Funk- und Fernsehtürme (als Fahnenhalter der Pressefreiheit) oder wahnwitzig hohe Bürotürme (als Fahnenhalter des Kapitalismus). Und wenn die Siedler sich langweilten, setzten auch sie sich in Bewegung. Doch sie trieben ihr Unwesen im Geiste des Siedlers.

Die Geflüchteten des Siedlertums hießen Kreuzritter, Goldgräber und Kolonialisten. Die gibt es heute nach wie vor. Sie heißen nur anders: Entwicklungshelfer, Spekulanten und Investoren.

Nomaden sahen Land und sahen Allmende. Siedler sahen Land und sahen Dividende. Das Land der Siedler wurde geraubt, gerodet, versiegelt und verbrannt. Die Sesshaften wurden Bauern, Bürger und Banker. Sesshafte waren kreativ. Doch es brauchte hohe Mauern und tiefe Gräben, um die Siedlung zu sichern. Und es sollte sich ein Kampf anbahnen, der eine permanente Kraftanstrengung erforderte. Ein Kampf, der bis heute andauern sollte: Wanderer, die nicht zur Siedlung passen, davon abzuhalten, ihren Grund und Boden, der mal allen Lebewesen gehörte, zu betreten. Wir schauen sehr misstrauisch auf Vagabundierende. Wir trauen den Menschen nicht, die wir nicht erfassen können. Früher hießen sie Wanderer. Heute heißen sie Illegale. Doch sie sind unserem natürlichen Ursprung näher als wir Sesshaften. Misstraue nicht den Geflüchteten, sondern den Sesshaften.

8

Wir haben verlernt, zu sehen

(Drei Monate)

Nebel legte sich schützend über den Asphalt. Der Winter ließ Milde walten, geizte allerdings auch mit wohltuenden Sonnenstrahlen. Ich trug nun den Kleinen Professor ganz selbstverständlich in einem blauen Tragetuch an meiner Brust spazieren. So oft ich konnte, war ich mit ihm draußen. Es war nun an der Zeit, ihm die Welt zu zeigen. Doch es stellte sich heraus, dass es umgekehrt sein würde.

Es fing damit an, dass ich Bücher und andere Leihgaben zurückbrachte, mit denen wir aus unserem Bekanntenkreis während der Schwangerschaft reichlich versorgt worden waren. Etliche Ratgeber mussten zurück. Die Was-ist-Was-Erklärbücher, darunter eines über die Mayas, blieben natürlich. Sie sollten später noch eine wichtige Rolle spielen.

Beim Aufräumen stieß ich auf einen 400-seitigen Bildband, in dem eine renommierte Porträtistin die Schwangerschaft in Wochenabschnitten im und außerhalb des Bauches dokumentiert hatte. Man sah Blasen, in denen kleine Seepferdchen schwebten. Ihre Aufnahmen zeigten eine lila leuchtende, galaktische Weite, einen milchigen Nebel. Ich fragte mich, wo denn bitte schön in einem Bauch so eine Weite sein sollte. Unsere Hebamme erklärte uns, dass das Baby ja direkt unter der Bauchdecke ist. Wenn direktes Licht auf den Bauch strahlt, könnte es theoretisch diese schöne heile Welt sehen, mit diesem purpurnen Nebel und den roten, gebrochenen Linien.

Der Kleine Professor wachte meist um sechs Uhr auf, manchmal auch früher, die Nacht schlief er so ruhig, dass ich durchschlafen konnte. Alle ein bis zwei Stunden gab meine Frau ihm die Brust. Das konnte sie mittlerweile im Halbschlaf. Dennoch war sie am Morgen recht gerädert. Deshalb drehte ich bei Morgengrauen mit ihm meine Runden, damit sie ein wenig schlafen konnte.

Ich ging am liebsten mit dem Kleinen Professor durch die Bergmannstraße. Dort entdeckte ich ein Café namens *Coffee Cult*, das bereits um 7 Uhr aufmachte. Ich kannte bald die anderen fünf Stammgäste, die ebenfalls um sieben da waren, beim Namen. Im Büro musste ich erst um 9.30 Uhr sein. Also wurde *Coffee Cult* zu meinem morgendlichen Ritual.

Der Kleine Professor war meist schon wieder eingeschlafen, wenn ich das Café betrat. Ich konnte einen Kaffee mit einem Schuss Sojamilch trinken und in Ruhe eine Zeitung lesen. Ich genoss diese Zeit zu zweit und war stolz auf mich, dass ich ohne Gepäck und großes Aufheben mit Kleinkind unterwegs war. Ich verzichtete sogar auf Windeln und hatte noch nicht mal Taschentücher bei mir (die eigentlich immer zur Standardausrüstung eines Vaters zählen sollten). Die gab es ja im *Coffee Cult*. Ich kam mir cool dabei vor und wollte signalisieren: Schaut her, ihr Väter. Lasst eure Kinder teilhaben an eurem Leben. Es macht keine Umstände.

Auf dem Weg zurück fiel mir auf, dass der Kleine Professor immer wieder seinen Blick auf die Straßenlaternen richtete. Und ich fragte mich, was an diesen Straßenlaternen so auffällig war. Er schaute nicht geradeaus oder seitlich. Auch die Leuchtschilder fand er nicht weiter bemerkenswert. Er schaute immerzu auf die Straßenlaternen nach oben. Ich dachte mir, dass wir sehr schöne Laternen hatten. Sie waren immer noch mit Gas betrieben. Ein Rohstoff, der ein wenig aus der Zeit gefallen war, wo doch Solarzellen und Windkraft den neuen Standard ausmachten. Ich dachte auch daran, dass die florale Form ein Überbleibsel aus monarchischen Tagen war, als es noch Könige und Kaiser gab, preußische Tugenden und eine aufsteigende Bürgerschicht als bourgeois beschimpft wurde. Doch dann bemerkte ich, dass er nicht nur auf die Straßenlaternen schaute, sondern auch auf die Straßenschilder. Diese hatten beim besten Willen nichts Anmutiges an sich. Mochte er etwa Masten und Stangen besonders gern? Aber da waren noch andere Motive, die sein Interesse weckten. Es waren die obersten Geschosse der Altbaufassaden. Vermutlich verlor er sich in der Stuckornamentik, mit der die Bergmannstraße so reichlich beschenkt ist. Warum schaute er bloß nie geradeaus und ständig nach oben?

Ich beschloss, meine Kamera mitlaufen zu lassen, um seinen Blickwinkel zu simulieren. Ich filmte den gesamten Rückweg aus seiner Perspektive, und dann sah ich endlich, was der Kleine Professor sah. Ich dachte, er würde sich die Straßenlaternen anschauen, die Straßenschilder und die Stuckfassaden. Doch sein Blick galt etwas völlig anderem: Der Kleine Professor schaute sich die Bäume am Straßenrand an. Er beobachtete sie förmlich, wie ein Forscher. Die Äste waren nackt, ohne Blätter und Schnee, und thronten meist vor einem grauen, milchigen Himmel. Und dann verstand ich, was er wirklich sah. Der Kleine Professor sah nicht die Bäume in der Bergmannstraße, sondern sah ein Geflecht aus Ästen, die wie Adern durch seinen Himmel strömten. Ein Geflecht, das er womöglich schon mal gesehen hatte: in der purpurnen, galaktischen Nebelwelt im Bauch seiner Mutter. Er hatte sich an ein vertrautes Bild erinnert. Und ich wunderte mich, warum mir nicht viel früher aufgefallen war, wie schön ein Baum von unten aussieht.

Der Kleine Professor und ich liefen durch dieselben Straßen, schauten auf dieselben Bäume und in denselben Nebel. Ich sah nur kahle Bäume und einen milchigen Teppich. Der Kleine Professor sah Verbundenheit zwischen sich, den Baumkronen und dem Himmel. Haben wir verlernt zu sehen?

9

Musik ist Frieden

(Drei Monate)

Can you read my mind?
Do you know what it is you do to me?
Don't know who you are
Just a friend from another star.

(Maureen McGovern – Can You Read My Mind)

Diese Verse sang ich abends, wenn der Kleine Professor wieder so laut schrie. Manchmal sah mich der Kleine Professor dabei an, als ob er einen Gedanken fasste. Ich sang ihm dieses Lied meist am Fenster vor. Aus dem Hochparterre konnte man wunderbar das Straßengeschehen beobachten. Er liebte das Gelb der Taxileuchten und Doppeldeckerbusse.

Welchen Stellenwert messen wir Erwachsene der Musik bei? Gesang, Melodien, Reime, rhythmische Töne. Viele können ohne den richtigen Sound auf den Ohren nicht joggen oder putzen. Sicherlich gehört es zu einem zivilisierten Leben dazu, hin und wieder ein Konzert zu besuchen oder von Zeit zu Zeit in der Oper zu sitzen. Einige würden sogar sagen, sie könnten ohne Musik nicht leben. Der Kleine Professor lehrte mich, dass Musik noch eine fundamentalere Aufgabe hat. Ohne Melodien wären die Menschen vermutlich ausgestorben. Ohne Gesang wäre es unseren Vorfahren nie gelungen, ihre Jungen zu beruhigen. Ich lernte, dass wir der Musik mehr Raum geben sollten, weil in ihr etwas steckt, das weder die Wirtschaft, noch die Wissenschaft oder Politik innehaben. Musik kann aussöhnen. Sie bringt unseren Körper in Schwingung und löst Gefühle und Stimmungen aus ihm heraus. Offensichtlich hatten sich im Körper des Kleinen Professors noch viel Angst und Trauma angesammelt. Die Geburt steckte ihm noch in den Knochen.

Wenn der Kleine Professor wieder eine seiner unendlich lauten Schreiattacken bekam, half nur eines: Maureen McGovern mit dem Titel »Can You Read My Mind«, eine Ballade aus den Siebzigern des letzten Jahrhunderts. Komponiert hat den Song John Williams. Wenn das Stillen nicht half und alle anderen Mittel ebenfalls versagten, konnten wir uns immer auf Maureen verlassen. Maureen war unser Ritalin. Immer, wenn wir ihren Titel spielten, beruhigte sich der Kleine Professor. In vielen Fällen sogar so sehr, dass er einschlief.

Ich entdeckte den Song eher zufällig, als ich beim Stöbern nach Kindheitserinnerungen alte Filme aus meiner Kindheit googelte. Ich flüsterte dem Kleinen Professor das Lied fortan ins Ohr, wenn er nachts wieder unruhig wurde. Es half fast immer. Und ich musste daran denken, dass in manchen Kulturkreisen solche Rituale gang und gäbe sind. Bei den Muslimen ist es so, dass man dem Neugeborenen kurz nach der Geburt den *Adhān*-Vers ins Ohr haucht.

Eines Abends konnte selbst Maureen den Kleinen Professor nicht beruhigen. Kurz bevor ich aufgab, schaute ich nach anderen Songs von Maureen McGovern und fand ein Liebeslied, dessen Chorus in dem Satz mündet: *I found a very special love in you* – Ich fand in dir eine ganz besondere Liebe. Ich kannte das Lied nicht, aber es beruhigte ihn. Später musste ich eingestehen, dass es zum größten Teil mich beruhigt hatte. Ich nahm dieses für mich neue Maureen-Lied in mein Abendritual hinein und sang abwechselnd das eine, dann das andere Lied. Und als ich die Worte aus dem Maureen-Song über meine Lippen gleiten ließ, bekamen sie eine völlig andere Bedeutung:

Stay always with me
And I always will be
The one person that you can count on always to love you
And I found a very special love in you.

Ich war eigentlich nie eine Heulsuse. Doch bei diesen Zeilen kamen mir regelmäßig die Tränen.

Während der Kleine Professor schnarchte, überlegte ich mir, ob ich nicht einen Dankesbrief an Maureen McGovern schreiben sollte. Ihr sagen, dass ein Lied, das sie vor 30 Jahren gesungen hatte, mir zu einer besseren Lebensqualität verhalf. Ich ließ es bleiben, dachte aber im Stillen, dass es schön wäre, wenn jeder Mensch ein Lied mit heilenden Zeilen besäße. Ich lernte, was Frieden bedeutet. Ich habe ihn in den ersten Monaten mit dem Kleinen Professor jeden Abend geschlossen. Immer dann, wenn die heilenden Zeilen durch die Luft glitten. Und ich wünsche allen Menschen, dass sie ihren Frieden finden mögen.

10

Mehr Yin und Yang wagen

(Drei Monate)

Solange das Baby noch nicht da ist, genießt die Zeit zu zweit! Geht aus! Feiert ausgiebig! Denn wenn das Baby kommt, werdet ihr keine Zeit mehr haben. Das Leben wird sich dramatisch verändern. Nichts wird mehr so sein, wie es vorher war. Zuerst verfetten die Haare, dann kommt der körperliche Verfall. Die Wampe und die Speckhüften. Kein Ponyhof mehr. Familiengründung als Märtyrertum? Sind Selbstaufgabe und fettige Haare der Preis für Babys?

Doch wie soll man noch sein Sportprogramm ausleben, wenn da ein quäkendes Baby ist? Ich reduzierte mein gesamtes Fitnessprogramm (welches jahrelang aus einem täglichen, halbstündigen Lauf bestanden hatte) auf ein Dreiminuten-Programm und setzte das konsequent durch. Ich hatte Hanteln zu Hause, die ich normalerweise zum Training der Arme nutzte. Und hier kam der Trick: Ich ersetzte einfach die Hanteln durch den Kleinen Professor. Ich setzte ihn hierzu morgens, wenn er schrie, in einen Tragekorb und machte meine 20 Sätze mit ihm. Das hatte zur Folge, dass er nicht mehr schrie. Der Kleine Professor genoss das Auf und Ab. Für ihn muss es sich so angefühlt haben, als ob ich mit ihm spielte. Und im Kinderwagen hatte ich meist Glück, und er war eine Viertelstunde ruhig. Das reichte, um eine Runde durch den Park zu joggen. Ich suchte also nach einem Weg, das Leben nicht dem Leben zu opfern.

Ich nannte diese Strategie Yin-und-Yang-Technik. Ich hatte sie mir abgeschaut aus der japanischen Kampf- und Handwerkskunst. Beim Aikido und Judo beispielsweise kultiviert man fließende Bewegungen und nutzt das Gewicht und die Energie des Angreifers, um selbst anzugreifen. Beim europäischen Boxen gibt es kaum fließende Bewegungen, sondern sehr klare Unterschiede zwischen Verteidigungs- und Angriffstechniken, die meist ruckartig ausgeübt werden. Und sowohl für Verteidigungs- als auch Angriffsbewegungen muss man aus dem eigenen Körper heraus sehr viel Kraft aufwenden. Der Judokampf freut sich über Masse, je dicker der Feind, umso wirkungsvoller kann man ihn zu Fall bringen. Ich betrachtete mich als Judokämpfer des Alltags, der versuchte, in den Herausforderungen des Lebens die Masse zu erkennen und Strategien zu entwickeln, wie ich diese Masse in etwas Positives wenden konnte. Es war eine Kunst, die Aufmerksamkeit und Zuversicht erforderte.

Während sich viele Menschen durch ein Neugeborenes vermutlich daran gehindert fühlen würden, sich mit einem Projekt zu verwirklichen (z. B. ein Buch zu schreiben), lieferte der Kleine Professor mir gerade den kreativen Stoff, ohne den dieses Buch nicht möglich gewesen wäre. Der Ernst des Lebens beginnt nicht irgendwann. Der Ernst ist immer da gewesen. Es liegt an uns, ihm mit Kreativität zu begegnen und ihn in

Sinn zu verwandeln. Und wenn doch die Haare verfetten und keine Zeit bleibt, sie zu waschen, dann kann man immer noch Rasta daraus machen. Einfach dabei Bob Marley auf die Ohren knallen und dazu tanzen. Nicht vergessen, das Baby dabei umzuschnallen. Es wird denken, du schaukelst es. Dabei gönnst du dir gerade die Disco, von der alle sagen, dass hierfür keine Zeit mehr ist. Yin und Yang eben.

11

Die Gesellschaft ist ein Labyrinth aus Spiegeln

(Vier Monate)

Nach drei Monaten hörte das Babygeschrei fast schlagartig auf. Immer häufiger wurden die Momente, in denen der Kleine Professor nicht wimmerte oder schrie, sondern zufrieden glucksend durch die Gegend blickte. Und er folgte mit seinen Augen meiner Frau, wie sie von links nach rechts ging. Er blickte mir lange in die Augen und lächelte ganz oft. Er hatte schon vor zwei Wochen gelächelt, allerdings im Schlaf und eher reflexartig. Jetzt erschien es mir, dass das Lächeln Ausdruck eines Glücksempfindens war. Und ich beobachtete ein interessantes Phänomen. Der Kleine Professor spiegelte meine Handlungen. Wenn ich ihn anlächelte, lächelte er zurück. Wenn ich ihm meine Zunge rausstreckte, knüllte er auch seine Zunge zusammen. Wenn ich aß, sah ich oft, wie er mich beobachtete und dabei auch mit dem Mund kaute. Er ahmte mich nach. Offensichtlich lernte er durch das Kopieren von Gesehenem. Kopieren ist also eine Form des Lernens. Und ich fragte mich, ob denn ein Lächeln noch ehrlich war, wenn es nur eine Nachahmung war. Ich kam zu dem Schluss: Natürlich war es das – ob mich nun ein Witz zum Lachen bringt oder ein gutes Gefühl oder ein anderes Lachen. Doch was mich nachdenklich machte, war, dass der Mensch das Lachen erst lernen muss. Das Schreien lernt der Mensch offensichtlich ohne Anleitung. Doch das Lachen muss trainiert werden. Warum ist das so?

Hieraus ergab sich ein anderer Gedanke: Wenn man die Freude eines anderen annehmen kann, hieße das, dass man auch anderen Gemütsregungen ungeschützt ausgesetzt ist. Empörung, Trauer und Wut. Wenn mein Gegenüber aggressiv ist, kann ich das ignorieren, oder macht mich das auch aggressiv? Können wir wirklich teilnahmslos an weinenden Menschen vorbeigehen? Ist es möglich, sich dem Spiegel zu entziehen?

Ich sah bei dem Kleinen Professor, dass er nur dann meine Lachangriffe ignorierte, wenn er abgelenkt oder müde war. Und ich vermutete, dass es bei Erwachsenen genauso sein muss. Es gab U-Bahnhöfe in Berlin, wo ich Beklemmungen bekam, weil ich so viele kaputte Menschen sah. Natürlich ließ mich das nicht kalt. Wegblenden konnte ich das Elend eigentlich nur durch Ablenkung: irgendetwas lesen oder essen. Blinder Konsum. Ist das der Grund, warum wir pausenlos konsumieren? Lässt sich diese Welt nur so aushalten? Indem wir uns zudröhnen mit irgendeinem Zeug: Nachrichten, Werbung oder Rauschmitteln. Hauptsache, es trübt den Spiegel.

Ich genoss es, mit dem Kleinen Professor U-Bahn zu fahren. Er war mittlerweile nicht nur ein Meister des Spiegelns, sondern machte auch immer öfter den Anfang und lächelte wahllos wildfremde Menschen an. Ich habe keinen Fall erlebt, wo jemand dem Lächeln des Kleinen Professors widerstehen konnte. Sie lächelten alle sofort zurück. Und ich beobachtete, dass diese Fahrgäste auch andere Sitznachbarn zum Lachen anstifteten. Lachen ist ein Lauffeuer. Freude ein Domino. Ich stellte mir die Gesellschaft als ein Labyrinth aus unzähligen Glaswänden vor, die teils transparent waren und teils spiegelnd. Und mir wurde klar, dass es nicht allein die Gesellschaft sein konnte, die schlecht oder böse war. Wenn ich in der U-Bahn ein trauriges Gesicht sah, dann konnte es sein, dass ich hier gerade in einen Spiegel schaute.

Radioreporter, die den Dalai Lama interviewt haben, sollen sich mal beim ehrwürdigen tibetanischen Religionsoberhaupt beschwert haben, weil sie keine anständigen Aufnahmen mit ihm machen konnten. Der Dalai Lama lachte einfach zu viel. Das empfanden die Schnitttechniker als störend. Und ich begriff, welche geniale Strategie sich hinter dem Dalai Lama'schen Dauerlachen verbarg: Er ließ seine Mitmenschen *mit* ihm lachen. Er lachte das Elend weg.

Ich lernte vom Kleinen Professor, die Gesellschaft nicht zu verurteilen, denn ein großer Teil von ihr ist nur ein Spiegel meiner Vorstellung von Gesellschaft. Und ich lernte, dass es in der Regel nicht möglich ist, sich völlig frei zu machen von den Gefühlen anderer. Ich spiegle sie hin und wieder. Und das ist die gute Botschaft: Ich kann die Gesellschaft ändern. Wenn ich bereit bin, mich zu ändern. Wenn du einen Menschen zum Weinen bringst, dann ist es so, als ob du die ganze Welt zum Weinen bringst. Und: Wenn du einen

Menschen zum Lachen bringst, dann ist es so, als ob du die gesamte Menschheit zum Lachen bringst. Der Kleine Professor zeigte mir, wie einfach es sein kann, die Welt zu verändern. Die Welt ist groß, also fing ich klein an. Und zwar mit den Menschen der U-Bahn-Linie 6. Alt-Mariendorf, anlachen bitte. Uuuuund – zurücklächeln.

12

Kreativität und Sinn mögen sich nicht

(Sieben Monate)

Der Kleine Professor konnte mittlerweile sitzen, nach Dingen greifen, sie aufeinanderstapeln oder anderweitig miteinander in Beziehung setzen. Ein beliebtes Spielzeug für Babys dieses Alters sind Bauklötze, die in Rot, Grün, Gelb und Blau daherkommen und in einer kleinen Papptonne mit einem weißen Deckel verkauft werden. Dieser weiße Deckel ist auch der Gegenstand der Aufgabe. Darin sind nämlich vier Löcher eingeschnitten: Kreis, Quadrat, Dreieck und Rechteck. Exakt die Grundformen der Bauklötze. Die Aufgabe ist also klar: Die zylinderförmigen Bauklötze mit dem kreisrunden Querschnitt sollen in das kreisrunde Loch. Die Klötze mit dem quadratischen Querschnitt in das Quadratloch und so weiter. Ich war gespannt zu sehen, wie sich der Kleine Professor bei dieser Aufgabe machte.

Den ersten gelben Klotz mit dem quadratischen Schnitt steckte er tatsächlich ohne großes Zögern in das quadratische Loch. Wow! Nach nur vier Sekunden hatte er das Rätsel gelöst. Leistung misst man ja, indem man die Arbeit in Beziehung setzt zu der gebrauchten Zeit, um diese Arbeit zu verrichten. Dann nahm er den grünen Zylinderklotz, der in das kreisförmige Loch gemusst hätte, und schaute sich den Deckel genauer an. Daraufhin schaute er sich den Klotz an und fing an, daran zu nuckeln. Vier Sekunden waren mittlerweile abgelaufen. An die Glanzleistung von eben kam er nicht heran. Es stellte sich heraus, dass er den grünen Klotz in nächster Zeit nicht mehr in das runde Loch stecken würde. Er dachte gar nicht daran, irgendeinen der Klötze in die Löcher zu schieben. Er fand dafür andere Anwendungen. Er klopfte mit den Klötzen aufeinander und dann auf den Glastisch, sodass es schepperte. Dann nahm er den Deckel und warf ihn in die Luft. Dann kippte er die Schale Spaghetti, die noch auf dem Esstisch stand, zu unserem Entsetzen in die Tonne und steckte die Bauklötze in die Polsterritze unserer Couch. Er machte Unsinn. Und dieser Unsinn kostete uns Eltern Zeit und Nerven, weil wir die Tonne sauber machen, die Klötze aus den Trinkgläsern auflesen und Boden und Tisch ständig wischen mussten. Und ich fragte mich, ob er die Aufgabe nicht verstand oder ob ihm das Spiel einfach zu langweilig war und er bewusst dagegen revoltierte.

Und dann dachte ich an die großen Erfindungen der Menschheit, an die innovativen Köpfe und Zeugnisse menschlicher Kreativität. Und erinnerte mich daran, dass sie ganz ähnlich wie der Kleine Professor die eigentliche Aufgabe ignorierten. Carl Benz erfand das Automobil, weil er sich weigerte, Kutschen von Pferden antreiben zu lassen. Zu dieser Zeit war noch kein Mensch darauf gekommen, dass sich eine Pferdekutsche ohne Pferd bewegen ließ. Als Steve Jobs das iPhone erfand, schaffte er die Tasten ab und erschuf ein Telefon, welches mit nur einem Knopf auskam. Auch das war vorher undenkbar gewesen. Als Jimmy Wales Wikipedia erfand, konnte sich auch keiner vorstellen, wie eine Enzyklopädie funktionieren sollte, ohne Buch und vor allem ohne auserwählte Experten. Das konnte ja nur zum Scheitern verurteilt sein. Viele geniale Produkte wie etwa Teflon, Post-its oder die USA sind nicht Ergebnisse jahrelanger Forschung, sondern Resultate von Zufällen und spielerischem Abenteuerdrang. Und es bedurfte vor allem eines Menschen, der die Innovation in den vermeintlich sinnlosen Aktivitäten der verspielten und forschenden Genies erkennen konnte.

Ist es nicht schön, dass Kinder in allem noch so viele andere Möglichkeiten sehen? Der Kleine Professor hatte mindestens 13 andere Anwendungsmöglichkeiten für die Bauklötze und die Tonne gefunden. Ich nur eine. Wer von uns beiden war der Kreativere?

Mir wurde bewusst, dass wir nicht zu wenige Genies auf der Welt haben, sondern zu wenig Menschen, die die Genialität erkennen. Wie viele Eltern gibt es, die in diesen scheinbar sinnfreien Aktivitäten anfangen, ihre Kinder zu maßregeln? Nein, du darfst den Bauklotz nicht in den Mund nehmen. Nein, du darfst die Spaghetti nicht in die Spielzeugtonne kippen. Der runde Bauklotz darf nicht durch das quadratische Loch gesteckt werden. Warum eigentlich nicht?

Ich gebe zu, dass es mir schwerfiel, hier nicht einzuschreiten. Doch das wäre so, als ob wir den Genies verbieten würden, das Automobil oder das iPhone zu erfinden, Elektrizität und vieles andere. Ohne das sinnfreie Spiel hätten die Menschen nicht das Feuer entdeckt, nicht das Rad, nicht den Reis, nicht die Nudeln, nicht die Kartoffel und nicht Viagra.

Die Wahrheit ist, dass Freaks unser Überleben (und Liebesleben) sichern und wichtige Impulse für die Gesellschaft geben. Und der Kleine Professor verhielt sich ja nicht anders als die anderen Babys in seinem Alter. Sie spielen einfach herum. Und mir wurde klar, dass es meine Aufgabe war, diesen Spieldrang so lange wie möglich zu unterstützen.

Ich fragte mich, was es wohl bedeuten würde für den Arbeitsplatz, wenn die Angestellten anfangen würden, zu spielen und nicht nur stupide den Anweisungen zu folgen? Tag ein, Tag aus Dreiecke ins Dreieck befördern und Quadrate ins Quadrat bugsieren. Zahlen in Zahlentabellen eintragen. Lücken füllen mit Inhalten, die nur für diesen Zweck erfunden wurden. Die Wirtschaft ist keine Spielwiese, sondern ein Lückenfüllertext. Das Leben der Erwachsenen ist nicht Prosa, sondern Kreuzworträtsel. In der Tat klingt das nach Aufgaben für Nichtmenschen. Für Roboter, Programme und Algorithmen. Aber für Menschen mit Herz, Verstand und Gefühlen?

Welche Produkte hätten wir heute, wenn die Angestellten nicht stupide die Briefings ausführen würden? Welche Politik hätten wir, wenn die Parteimitglieder unabhängig von der Parteilinie Entscheidungen treffen würden? Ich denke, die Welt wäre eine andere.

Kreativität ist also mehr als Leistung. Kreativität heißt, etwas zu erschaffen, frei von Bedingungen. Kreativität bedeutet, Dinge zusammenzuführen, die auf den ersten Blick nicht zusammengehören: Spaghetti und Bauklötze. Benzin und Pferdekutschen. Internet und Telefonhörer. Das Geheimnis wahrer Kreativität ist: Kreativität und Sinn mögen sich nicht. Kreativität liebt das Sinnfreie. Alles andere wäre Leistung, oder genauer: Dienstleistung.

Ja, wir brauchen mehr Verspieltheit, mehr Freaks, mehr Kleine Professoren. Und wenn der Preis hierfür eine Tonne voll Spaghetti ist, dann sollten wir das großzügig in Kauf nehmen.

13

Die Anziehungskraft des Himmels

(Neun Monate)

Unsere Körper haben alle eine Anziehungskraft. Alles, was Masse hat, zieht an. Das wissen wir aus dem Physikunterricht. Und die größte Masse (unsere Erde) bringt uns immer wieder auf den Boden der Tatsachen. Wir nennen diesen Sog Schwerkraft. Doch ich fand heraus, dass es noch eine andere anziehende Kraft neben der Schwerkraft gibt: die Leichtkraft. Das ist die Anziehungskraft des Himmels.

Das lernte ich vom Kleinen Professor, als er neun Monate alt war. Für jemanden, der monatelang als Embryo in einem Schwebezustand jenseits von Schwer- und Leichtkraft gewohnt hat, muss die Schwerkraft eine völlig neue Körpererfahrung sein. Man stelle sich vor: Fortan zieht ihn immerzu eine unsichtbare Kraft in Richtung Mittelpunkt der Erde. Sogar im Schlaf. Ununterbrochen. Es ist sein neuer Bezugspunkt. Und diesen haben alle Menschen gemeinsam. Alle Tiere. Jeder Wasserfall, jeder Regentropfen und jede Schneeflocke bezieht sich auf diesen Punkt. Auch Seifenblasen haben diesen Bezugspunkt, wenn auch nicht so stark. Als Erwachsene haben wir uns ja daran gewöhnt. Doch im Grunde ist es eine schöne Erfahrung, dass wir alle uns auf denselben Punkt beziehen.

Als der Kleine Professor krabbeln konnte und sich an der Couch hochzog und stand, machte ich eines Tages eine interessante Beobachtung im Treppenhaus. Der Kleine Professor wollte nach oben. Er kletterte die Stufen hinauf und freute sich dabei so sehr, dass es ein Riesenspaß war, ihm zuzusehen. Er schaffte es allein auf das erste Zwischenpodest, dann zur ersten Etage. Ich staunte nicht schlecht und ließ ihn einfach mal klettern. Er kam dann im Zwischenpodest des zweiten Stockwerks an und wollte immer weiter. Ab der dritten Etage musste ich ihn dann doch stoppen. Ich hatte das Gefühl, er hätte unendlich weiterklettern können. Mit den entsprechenden Pausen wäre er vermutlich auch ein Hochhaus hochgekrabbelt und ich fragte mich, ob der Weg nach oben eine andere Faszination ausübte, als der Weg nach unten. In beiden Fällen entdeckt man Neues, in beiden Fällen bewegt man sich fort. Und ich beobachtete, dass er nicht nur im Treppenhaus hoch hinaus wollte, sondern im Grunde überall. In der Küche wollte er die Küchenbank hochklettern. Auf den Spielplätzen die Sprossenleiter zur Rutsche. Und dieses Bedürfnis, Berge zu erklimmen, lässt bei vielen Erwachsenen ja auch nicht nach. Wandern scheint ein Urbedürfnis des Menschen zu sein, Bergwanderungen im Besonderen. Interessanterweise bevorzugen die meisten dann aber doch einen Lift, wenn sie wählen können. Ich sehe selten Menschen Treppen steigen, wenn es einen Lift gibt.

Kann es sein, dass der Kletterdrang mit zunehmendem Alter nachlässt? Wir klettern als Erwachsene ja auch nicht mehr grundlos auf Bäume. Warum eigentlich nicht? Warum krabbeln wir nicht wie der Kleine Professor auf Tische, Schränke, Sofas und Fensterbänke? Wann hört das Bedürfnis auf, nach oben zu klettern?

Ich entwickelte die Theorie der Leichtkraft: So wie die Anziehungskraft der Erde alle Körper an sich bindet, gibt es im Himmel eine Kraft, die alles, was nicht Masse ist, nach oben zieht. Was könnte das sein? Ist nicht alles Masse an unserem Körper? Unsere Knochen, unsere Muskeln, unsere Organe, unsere Gliedmaßen, unser Kopf mit den Gehirnzellen. Ja, es ist der messbare und sichtbare Teil unseres Wesens. Doch offensichtlich gibt es noch einen unsichtbaren Teil, der uns Menschen ausmacht. Ein Teil, der nicht beziffferbar und wiegbar ist. Den man nicht mit Molekülen oder chemischen Formeln erfassen kann. Gedanken, Gefühle, Ideen, kurzum: unsere Seele. Sie wird vom Himmel angezogen. Die Leichtkraft ist die Anziehungskraft des Himmels. Irgendetwas liegt im Himmel verborgen, das uns nach oben streben lässt. Doch was? Ich konnte zu diesem Zeitpunkt noch nicht wissen, dass der Kleine Professor mir zu dieser Frage später noch eine Lektion erteilen würde. Die wohl wichtigste meines gesamten Studiums. Wenn die Erde unsere Verwurzelung mit dem Bestehenden ist, dann könnte der Himmel unsere Brücke zu den Möglichkeiten sein, die jenseits der Bodenhaftung auf Aktivierung hoffen.

Fassen wir zusammen: Der Drang, sich nach oben zu orientieren, scheint mit dem Alter nicht abzunehmen, zu klettern, krabbeln und erklimmen schon eher.

Das muss daran liegen, dass wir uns alle an die Schwerkraft gewöhnt haben. Doch dürfen wir nicht vergessen, dass wir es schon mal in den Zustand der Schwerelosigkeit geschafft haben. Damals – als wir noch kleine Seepferdchen waren –, in diesem galaktischen Nebel unserer Fruchtblase. Wir waren alle schon mal da. Wir alle kennen den Himmel. Die Leichtkraft, die uns vom Himmel aus anlockt, deute ich seither als Erinnerung. Eine Erinnerung daran, woher ich komme: aus dem Nebel der Schwerelosigkeit. Es macht mir Mut, in schweren Zeiten nicht mit geducktem Haupt in Bodendeckung zu gehen, sondern mich mit Leichtfüßigkeit der Leichtkraft anzuvertrauen.

14

Die Welt erschließt sich im Mund

(Zehn Monate)

Der Kleine Professor krabbelte zum Entsetzen seiner Eltern auf dem Gehweg munter drauflos und nahm alles, was ihm in die Finger geriet, in den Mund. Er machte keinen Unterschied zwischen Kieselsteinen, kleinen Tierchen, Zigarettenstummeln und Kugelschreibern. An einem sonnigen Sommermorgen sprangen wir durch das hohe Gras auf den Wiesen vom Viktoriapark und erfreuten uns am Morgentau, der auf den Blättern schimmerte. Ich war eigentlich nicht so sehr der Naturtyp, fand aber solche Spaziergänge ganz erfrischend, weil es im Viktoriapark einen schlechten Funkempfang gibt und kein freies WLAN. Auszeit für mich, der eigentlich pausenlos durch das Internet in der Welt unterwegs sein will. Der Kleine Professor versuchte, den Tau zu trinken. Ich hätte nie daran gedacht, so ein Blatt in den Mund zu nehmen. Da könnte ja ein Mistkäfer draufgekackt haben. Dann schluckte ich ganz heftig, weil der Kleine Professor plötzlich anfing zu schreien. Zwischen Zeigefinger und Daumen sah ich die Reste einer Wespe. Das sind die Horrormomente, die Eltern leider nicht erspart bleiben. Im Mund war keine Schwellung und an den

Fingern ein kleiner Punkt. Dem Kleinen Professor war in die Hand gestochen worden. Nach einigen Minuten war alles auch schon wieder normal. Schock vorbei. Und ich wagte es nicht, mir auszumalen, was wohl gewesen wäre, wenn die Wespe ihn am Gaumen gestochen hätte.

Es ist sehr gefährlich, wahllos alles in den Mund zu führen. Doch warum hat die Natur das so eingerichtet, fragte ich mich. Welcher Sinn soll sich darin verbergen? Sobald man spitze Gegenstände oder giftige Pflanzen oder verkeimte Reste zu sich nimmt, kann das lebensgefährlich werden. Wie konnte der Mensch mit dieser bescheuerten Macke bloß so viele Jahrtausende überleben? Der Kleine Professor lehrte mich die eigentliche Bedeutung des Mundes.

Als Erwachsene nutzen wir den Mund eigentlich nur für drei Anwendungen: zum Konsum von Nahrungsmitteln, zum Produzieren von Worten oder Tönen und für unser Liebesleben. Eine wesentliche – die vermutlich entscheidende – Anwendung haben wir völlig verlernt: Der Mund ist neben dem Tastsinn das wichtigste Organ, um eine Verbundenheit mit der Welt aufzubauen. Während die Augen in der Regel die Welt ohne gesundheitliche Konsequenzen aufnehmen, kann das Kennenlernen der Welt durch den Mund gravierende Folgen haben. Eine Ananas zu sehen ist etwas anderes, als eine Ananas anzufassen. Und eine Ananas zu riechen ist noch etwas anderes, als sie zu ertasten. Erst das Schmecken der Ananas entscheidet darüber, wie das Verhältnis zwischen uns und der Ananas bewertet wird.

Andere Säugetiere wie Hunde oder Katzen behalten diese Eigenart bis ins Erwachsenenalter bei, bei Menschen wird diese Praxis in den ersten Jahren abtrainiert. Die Tiere schnuppern und lecken ja wirklich an allem, was sie mögen, auch am Po anderer Tiere. Es wäre natürlich sehr befremdlich, wenn wir an der Bushaltestelle aus Neugierde einfach unsere Nase an den Po eines wildfremden Passanten drücken würden. Zumal das auch strafrechtlich geahndet wird. Doch im Grunde ist uns Erwachsenen eine Fähigkeit verloren gegangen. Denn erst das Schmecken baut eine Verbindlichkeit mit den Dingen auf – oder halt auch nicht.

Der Mund lehrte den Kleinen Professor Verbundenheit. Verbundenheit mit der Welt. Er leckte an der Welt, wann immer er konnte. Porzellangeschirr, Edelstahltöpfe, hölzerne Tischkanten, baumwollene Säume von Tragetüchern, sandige Steinchen auf dem Asphalt, kaltrauchige Zigarettenschachteln, klebriger Sand. Die Welt erschloss sich ihm auf der Zunge. Da der Kleine Professor keinen Ekel vor der Welt empfand, empfand er womöglich alles an ihr genießbar. Und ich dachte, dass es eigentlich schade ist, dass es sich kulturell nicht durchgesetzt hat, dass wir an der Welt lecken. Zum Beispiel im Autohaus: Haben Sie das Lenkrad auch in vegan? Oder am Arbeitsplatz: Der Lieferschein war echt schlecht. Trocken am Anfang. Im Abgang leicht säuerlich.

Insgesamt glaubte ich zu verstehen, dass uns da ein wichtiger Zugang zur Welt abhandengekommen ist. Diesen natürlichen Drang, die Welt im Mund zu schmecken, ersetzen wir nämlich durch andere Gepflogenheiten, die weitaus folgenreicher sind. Wir führen uns unentwegt Dinge an oder in den Mund: Zigaretten, Joints, Kaugummis, Wasserpfeifen, Kartoffelchips, Kautabak, Schokoladenriegel, Fingernägel, Tabletten. Auf Partys können wir nur entspannt sein, wenn wir etwas in der Hand halten, das man im besten Fall auch zum Mund führen kann. Nur so kann ich mir den weltweiten Erfolg von Zigaretten und Flaschenbier erklären.

Und ich frage mich, ob wir diese Ersatzwelten weniger bräuchten, wenn wir wieder mehr Zungenspitzengefühl an der echten Welt zuließen? An einer Düne sitzend an einem Grashalm kauen. Am Ufer an einem nassen Stein nuckeln. In der Lissaboner Straßenbahn verträumt aus dem Fenster schauen und dabei in die ledernen Halteriemen beißen. So wie es halt der Kleine Professor machte. Nur auf hohem Niveau.

Hygiene ist natürlich ein Argument. Aber lassen wir das einmal beiseite. Wir würden beim Design aller Gegenstände darauf achten, dass sie auch gut schmecken und hätten Maschinen erfunden, die ohne Schmieröl, Benzin und chemische Mittel auskommen. Unsere Fußböden zu Hause wären nicht aus laminiertem Plastik, sondern aus Stein oder Mondholz. Unsere Kleidung aus Leinen und nicht aus chemisch eingefärbtem Synthetikzeugs. Stühle wären aus getrocknetem Hanf, Tische aus süßem Bambus. Unsere Mauern wären aus Ziegelkäse. Unsere Smartphones würden nach Emaille schmecken und nicht nach E-Mails. Unsere Gedanken bräuchten kein WLAN mehr und wären aus Morgentau.

15

Im Anfang war nicht das Wort

(Zehn Monate)

Als der Kleine Professor die ersten Worte sagte, sprach er anfangs ein wunderbares Dada. Später kamen Wörter hinzu, die in bestimmten Zusammenhängen vermehrt auftauchten. Wenn der Kleine Professor Hunger hatte, sagte er »Mamamm«. Und ich beobachtete eine Kuriosität. Das Hofzimmer, wo meine Frau ihn meist stillte, nannte er auch »Mamamm«. Und dann fiel mir auf, dass er meine Frau auch so nannte: »Mamamm«. Das bedeutete, dass der Kleine Professor sowohl für ein Gefühl (Hunger), einen Ort (Hofzimmer) als auch eine Person (Mutter) ein und dasselbe Wort benutzte. Und die Frage war nun: Gab es aus seiner Sicht einen Unterschied zwischen der Mutter, dem Stillen und dem Hofzimmer? Oder war aus seiner Sicht etwa alles eins? Ich fand Gefallen an der Idee, dass es möglich war, Person, Ort und Gefühl sprachlich miteinander zu verschmelzen. Was nützt es auch schon, immer wieder die Unterschiede zu betonen zwischen den Puzzleteilen. Ist es nicht wichtiger, das große ganze Bild zu erkennen? In diesem Fall erschuf der Kleine Professor einfach eine ganze Welt mit dem Namen Mamamm. Für mich als Architekt war das eine interessante Erkenntnis. Denn wenn das stimmen sollte, dass man ein Zimmer nicht von einem Gefühl und von Personen trennen konnte, dann dürfte die Aufgabe nicht heißen: Entwerfen Sie eine Wohnung für eine dreiköpfige Familie mit 65 Quadratmeter Nutzfläche, sondern eher so: Entwerfen Sie Vertrauen. Oder: Bauen Sie Geborgenheit.

Am meisten faszinierte mich der Gedanke, dass ich als Mensch auch eins werden kann mit einem Ort oder einem Gefühl. Und ich verstand auf einmal, wieso manche Popstars so angehimmelt werden: Weil sie für ihre Fans mehr sind als nur eine Person. Sie sind ein Gefühl, ein Raum, in dem sich die Fans ausleben können. Und so muss es sich auch mit bekannten Schauspielern zutragen oder mit inspirierenden Rednern wie Dr. Martin Luther King, die mehr sind als eine Biografie. Sie stehen für ein Lebensgefühl und bieten einen Raum für Entfaltung.

Es ist kein Zufall, dass eine Firma aus dem englischen Sprachraum die Internetsuchmaschine erfunden hat und nicht ein Unternehmen aus Asien oder Afrika. Im Englischen wird nach Stichworten gesucht, in anderen Kulturen wird gar nicht so sehr nach Worten gefahndet. In der Megacity Tokio gibt es Viertel, die ohne Straßennamen auskommen. Dem gesprochenen und geschriebenen Wort wird nicht überall auf der Welt so viel Wert beigemessen. Wie beginnt das Johannesevangelium so schön: »Im Anfang war das Wort, und das Wort war bei Gott, und das Wort war Gott.«

Der Originaltext verkündet allerdings sinngemäß etwas anderes. Das hebräische »davar« wurde im

Deutschen zu »Wort«. »Davar« ist aber nicht nur »Wort«. Es bedeutet auch »Sache« oder »Ereignis«. Im Anfang war also nicht das Wort. Man könnte auch sagen: Im Anfang war ein großartiges Ereignis. Es war Raum, Gefühl und Gott in einem. Der Kleine Professor hatte dafür einen Namen: Mamamm.

16

Nehmer, Tauscher und Geber

(Zehn Monate)

Fast ein ganzes Jahr lang kam die Frau mit den weißen Stoppelhaaren morgens in unser Stammcafé, wo der Kleine Professor und ich saßen. Ohne den Kleinen Professor hätte ich diese Frau nicht kennengelernt.

Marion war wohnungslos und verkaufte die Obdachlosenzeitung. Ich kaufte ihr jede Ausgabe ab. Sie war offensichtlich nicht alkoholkrank, wirkte auf mich dennoch wie aus allen Rastern gefallen. Sie fing an, den Kleinen Professor für sich zu entdecken und hatte ihn auch einige Male auf dem Arm. So richtig wohl fühlte er sich dabei aber nicht.

Er war nun in dem Alter, wo er sehr sicher Gegenstände greifen konnte. Alles, was er interessant fand, streckte er mir entgegen. Das konnten Croissantstücke sein, nasse Serviettenklumpen, Kekse, Strohhalme. Es machte den Anschein, als wolle er seine Errungenschaften mit mir teilen. Er wollte sie mir schenken. Mich beseelte die Frage, ob wir Menschen eigentlich auch geben, wenn dies bedeutet, einen Nachteil zu erlangen. Auch wenn es zur Folge hat, dass man weniger besitzt. Der Kleine Professor war ganz klar ein Geber.

Es gibt drei Typen: Nehmer, Tauscher und Geber. Ich war mein Leben lang ein Tauscher. Jemand, der sich nicht unnötig Arbeit aufhalst, aber auch nicht versucht, sich auf Kosten anderer ein schönes Leben zu machen. Tauscher haben einen ausgeprägten Gerechtigkeitssinn. Sie ertragen es nicht, wenn sie benachteiligt werden und fühlen sich auch schlecht, wenn sie sich selbst übervorteilen. Tauschermenschen achten auf eine gute Balance und reagieren allergisch auf Nehmermenschen. Um ein intaktes Tauschernetzwerk zu zerstören, braucht es nur einen einzigen Nehmermenschen. Tauschermenschen bejahen gerechte Löhne, Tarife, Gewerkschaft, Betriebsrat und Mieterschutz. Sie wollen, dass jede Person vom Kuchen genug abbekommt. Ich vermute, die meisten Menschen auf der Welt sind Tauschermenschen.

Nehmermenschen hingegen wollen den Kuchen für sich allein. Nehmermenschen mögen Machtsymbole, Rankings, Lifestyle-Magazine, Awards und Trophäen, Kontrolle, Zäune, exklusive Klubs, Titel, Geld, Erbe, Provisionen, Korruption, Parteien, schnelle Autos, Qualitätsprodukte, Aktien, Patente, Zinsen und gutes Fleisch. Einem gewieften Nehmermenschen sieht man die böse Absicht nicht an. Das macht sie so gefährlich.

Ich versuchte, es dem Kleinen Professor nachzumachen, und startete ein Selbstexperiment als Gebermensch. Das heißt: Die Dinge, die mir Freude machen, weiterzugeben an andere Menschen. Ohne Erwartung einer Gegenleistung. Bedingungslos. Ich fing an mit Aufmerksamkeit und schenkte einfach jedem, der irgendwas von mir wollte, ein Ohr, sei es auf der Straße, im Bekanntenkreis, bei meinen Arbeitskollegen oder in der Familie. Jedem bettelnden Menschen am Straßenrand, jedem, der Unterschriften sammelte oder Zeitungsabos vertickte, schenkte ich fünf Minuten. Ich lernte einen Straßenpoeten kennen, der Gedichte verkaufte. Ein Bettler staunte nicht schlecht, als ihm einmal einen 100-Euro-Schein schenkte. Wichtig war, dass ich nur so viel gab, dass ich mich selbst noch wohlfühlte.

Mir wurde klar, dass der Kleine Professor gar nicht anders konnte, als zu geben. Ihm wurde ja selbst alles bedingungslos gegeben: Essen, Kleidung, Wärme, Liebe und letztendlich auch das Leben. Ein Neugeborenes kennt nichts anderes. Es ist ein ungebrochenes Vertrauen in seine bedingungslose Fürsorge. Dieses Vertrauen nenne ich Urvertrauen.

Ich fing an, Karrieregeschichten zu lesen. Von großen Leuten, die an die Spitze eines Unternehmens gekommen waren oder die höchsten politischen Ämter bekleideten: Barack Obama, Abraham Lincoln oder Nelson Mandela. Alle drei außergewöhnlich selbstlose Menschen, Obama schenkte seiner Rivalin Clinton das höchste noch verfügbare Amt. Lincoln trat freiwillig als Senator zurück, um seine Konkurrenten im Kampf gegen die Sklaverei zu unterstützen. Mandela vergab seinen Peinigern und nahm sich viel Zeit für seine große Familie.

Gebermenschen wie Lincoln stärken Tauschermenschen so sehr, dass die sich irgendwann erkenntlich zeigen. Auf diese Weise kommen Gebermenschen in die höchsten Positionen, ohne diesen Rang einzufordern. Sie werden praktisch nach oben gehievt. Ich nenne diesen Effekt Karmahebel. Kurzfristig mag ein

Nehmermensch nach oben kommen, aber am Ende wird ein Gebermensch an der Spitze sein. Dafür sorgen die Tauschermenschen, die lieber einen Geber über sich wünschen, als einen Tauscher zu dulden und erst recht keinen fiesen Nehmer.

Ich fragte mich, ob denn auch eine mittellose Frau wie Marion zum Gebermenschen werden konnte? Oder war die Gabe des Gebens nur gut betuchten Menschen vorbehalten? Aber wenn man immer nur gab, wurde man dadurch nicht ärmer? Irgendwann dürfte ja zum Beispiel kein Geld mehr übrig sein. Nach einem Jahr hatte ich Marion genau 34 Euro gegeben. Ich war also um 34 Euro ärmer, könnte man meinen. Doch es passierte Folgendes: Marion sammelte Spielzeug, Bücher, Schuhe und Kinderkleidung ein, um uns auf der Straße damit zu überraschen. Sie sah die Freude in den Augen des Kleinen Professors. Es sollte nicht bei einer Tüte bleiben. Nach der vierten musste ich sie stoppen. Es war einfach zu viel.

Die meisten Sachen haben wir weiterverschenkt, weil es die falsche Größe war oder nicht unseren Geschmack traf. Ich ließ mir den Wert der Waren spaßeshalber von einem Trödler schätzen: Circa 55 Euro hatte Marion uns geschenkt. Ich war also rein rechnerisch gesehen gar nicht um 34 Euro ärmer. Im Gegenteil. Ich war um 21 Euro reicher. Und das durch bedingungsloses Geben. Ich machte mir fortan immer weniger Sorgen darüber, ob ich denn verarmen könnte, wenn ich bedingungslos mein Geld, meine Zeit und mein Herz gebe. Das lernte ich vom Kleinen Professor: Wenn du schenkst, dann wirst du beschenkt.

Ich war nun ein Gebermensch und fand Gefallen an der Idee, überschüssiges Geld zu verschenken. Auch an Leute, die mir unsympathisch waren. Zuerst berichteten die Zeitungen darüber. Später das Fernsehen. Viele hielten mich schlichtweg für verrückt. Eines Tages bekam ich einen Anruf: Mir wurde ein Preis von einem Verlag verliehen für mein Engagement mit dem Ein-Quadratmeter-Haus, das ich mal für Wohnungslose entworfen hatte. Das Preisgeld: 10.000 Euro. Für mich war sofort klar, was ich damit mache. Das Leben ist sehr viel einfacher, wenn man ein Gebermensch ist.

17

Die Macht der Angst

(Elf Monate)

Die Ärztin beobachtete ein auffälliges Muttermal auf dem Bauch unseres Sohnes. Irgendwie eine besondere Art Muttermal, die jedes zehnte Kind hat. Es kann zu einem Tumor werden, muss aber nicht. Wenn sich Missbildungen entwickeln, sei es aber vielfach zu spät. Sie empfahl uns, zum Kinderchirurgen zu gehen und uns von ihm beraten zu lassen. Der Chirurg kam zu folgendem Handlungsvorschlag: operieren. So schnell wie möglich. Das würde das Risiko, an Hautkrebs zu erkranken, auf null setzen. Ansonsten bestünde eine Wahrscheinlichkeit von etwa 30 bis 40 Prozent, dass sich im Verlauf der nächsten 20 Jahre ein Tumor bilde. Und der Tumor könne mit einer Wahrscheinlichkeit von 50 Prozent bösartig sein. Allerdings sei die Wahrscheinlichkeit sehr hoch, dass wir diese Gefahr zu spät erkennen. Kurzum: Wenn wir nicht operieren, muss unser Kind vielleicht sterben.

Das war die schwierigste Prüfung bislang, die uns der Kleine Professor aufbürdete: operieren – ja oder nein?

Es gibt zwei Arten von Menschen: diejenigen, die in ihre Zukunft vertrauen. Diese Menschen haben ein gesundes Maß an Angst. Sie lassen sich aber nicht von ihrer Angst leiten. Sie lassen sich zum Beispiel nicht verrückt machen durch Terrorwarnungen, fahren mit der U-Bahn, obwohl dort so viele Keime sind, und sie haben keine Rechtsschutzversicherung, weil sie denken, dass der Fall nie eintreten wird, in dem ein teurer Anwalt die letzte Lösung ist. Diese Gruppe nenne ich Zukunftsgläubige. Und da ist die andere Gruppe, die Überraschungen nicht mag. Sie misstrauen den Menschen, wollen alles schriftlich haben und lieben Zahlen, Statistiken und Wahrscheinlichkeitstabellen. Sie glauben an gute Planung, Mammografien, private Vorsorge, internationale Standards und Erbschaften. Diese Gruppe glaubt, dass die Zukunft voller Gefahren ist und ist überzeugt, dass die Gefahren, die das Leben bereithält, gebändigt werden können. Diese Gruppe nenne ich Paranoisten. Ich hielt mich selbst immer für einen Zukunftsgläubigen. Doch der Kleine Professor belehrte mich eines Besseren.

Ich fragte den Chirurgen, was denn eine OP kosten würde, er meinte nur, dass das nichts koste und von der Krankenkasse abgedeckt werde. Ich wiederholte meine Frage und da wurde der Chirurg unfreundlich. Warum ich das wissen wolle, fragte er skeptisch.

Ich antwortete, dass ich einfach wissen wolle, was so ein Eingriff koste. Er wich aus und meinte, er wisse es selbst nicht. Die Buchhaltung wisse es, die Praxis bekomme nämlich nicht Geld, sondern Punkte, und die würden irgendwie verrechnet, mit anderen Punkten von anderen Praxen. Ich verlor das Vertrauen in seine Praxis. An der Rezeption versuchte ich ein letztes Mal, in Erfahrung zu bringen, was für ein Punktesystem hinter all diesen Eingriffen steckte, und wie viel Geld solch eine OP der Praxis einbrachte. Die Rezeptionistin schaute mich böse an und meinte, dass das interne Angelegenheiten wären und sie zu keiner Auskunft verpflichtet wäre.

Es mag sein, dass sich hinter dieser OP kein Riesengeschäft verbarg, aber ich fragte mich, warum so wenig Transparenz herrschte. Wieso gab es in dem Wartezimmer kein Plakat, auf dem stand: »Ihre Gesundheit ist uns wichtig, nicht das Geschäft mit ihr.« Und darunter in einer einfachen Grafik dargestellt, wie und woran denn Praxen verdienen und in wie vielen Fällen Therapien und Behandlungen unverhältnismäßig oft verschrieben werden, weil sie lukrativ sind oder Kredite von Geräteherstellern bedienen?

Warum gehören Oberärzte und Schönheitschirurgen zu den Superverdienern und nicht die buckelnden Menschen aus der Krankenpflege, die Hebammen und die Menschen, die im Hospiz den Patienten die letzte Ehre erweisen? Warum verknappt man künstlich die Anzahl der Praxen in einem Ort und lässt die Patienten unendlich lange anstehen, dafür, dass sie dann in fünf Minuten abgefertigt werden? Was ist los mit unserem Gesundheitssystem? Und warum gibt es so wenige, die von innen heraus neue Ideen der Beratung, Finanzierung und Therapieformen einbringen? Wieso ist Gesundheit kein ordentliches Schulfach ab der dritten Klasse? Wenn jeder Mensch ein besseres Verhältnis zu seiner Gesundheit entwickeln würde, wären wir weniger krank und bräuchten weniger Therapien und Medikamente. Wer hat ein Interesse daran, dies zu verhindern?

In meinem Freundeskreis sind viele Ärztinnen und Ärzte. Ich würde ihnen niemals unterstellen, dass sie die Gesundheit ihrer Patienten zum eigenen Wohl ausnutzen, doch ich glaube, dass sie alle ihr medizinisches Wissen in einem bestimmten System erworben haben. Unser Gesundheitssystem ist angeführt von Paranoisten, die von Angst gelenkt werden. Angst, dass sie ihre Kredite nicht früh genug abzahlen können. Angst, dass ihr Wohlstand zu langsam ansteigt. Angst, dass sie Fehler machen und ihnen Prozesse gemacht werden. Angst, zu viel zu arbeiten und zu wenig zu leben. Angst, den Verführungen der Pharmakonzerne nicht widerstehen zu können. Paranoisten.

Für meine Frau und für mich waren das sehr schwierige Tage, weil wir schnell entscheiden mussten, da so eine OP mit ein wenig Vorlauf geplant werden muss.

Konnte ich es verantworten, dass unser Sohn eines Tages an Krebs erkrankt und an den Folgen daran stirbt? Kann ich sagen: Naja, es gab ja nur eine 30-prozentige Chance, dass dieser Fall eintreffen würde?

Der Chirurg wusste genau, wie man Skeptiker überzeugte, wie man Aufträge generierte. Wie man Zukunftsgläubige konvertierte. Er hatte die letzte Karte gezückt. Das Leben unseres Sohnes stand auf dem Spiel. Wir entschieden uns für die OP. Sie fand kurz nach seinem ersten Geburtstag statt. Happy Birthday mit Vollnarkose. In Ohnmacht in das neue Lebensjahr. Unzählige Formulare, in denen wir die Klinik und Ärzte von ihrer Mitschuld befreiten und jegliche

Schuld auf uns nahmen, eine Woche Klinikaufenthalt, eine Woche Sorgen. Vor allem lernte ich, dass ich als Vater kein Zukunftsgläubiger mehr sein konnte – sie hatten mich. Diese Prüfung, mit der mich der Kleine Professor konfrontiert hatte, endete mit »nicht bestanden«. Ich war durchgefallen. Die Angst hatte gewonnen. Ich gehöre seither zu den Paranoisten. Ein Hysteriker im heuchlerischen Gewand eines Zukunftsgläubigen. Ich bin nicht viel besser als die Bürokraten und Angstgetriebenen, die sich von Statistiken und Wahrscheinlichkeiten lenken lassen. Dieser innere Zwist sollte mich von da an mein Leben lang begleiten. Ich weiß keinen Ausweg. Es tut mir so leid, nichts Besseres verkünden zu können.

18

Perfektion lockt Stillstand an

(Ein Jahr)

Der Kleine Professor war nun seit einem Jahr da! Wie schnell die Zeit verging. Er demonstrierte auf eine erheiternde Art und Weise, zu was unsere Hände imstande sind. Man kann damit nicht nur Zigarettenstummel aus schmalen Ritzen zwischen Kopfstein-Pflastersteinen auflesen, sondern vor allem eines: Werkzeuge bauen.

Auf den ersten Blick sah es aus, als ob der Kleine Professor spielte. Mit dem Hausschlüssel, mit dem Flaschenöffner, mit dem Rührstab und den vielen anderen Haushaltsgeräten, die er in die Hände bekam. Doch er spielte nicht. Er konstruierte! Er erschuf Szenarien. Er baute sich sein Stück Realität. Und all die Dinge, die nützlich waren, um seine Welt begreiflich zu machen, wurden zu einem Werkzeug.

Es war faszinierend mitanzusehen, wie er einen Schuhlöffel nahm und ihn als Staubsauger nutzte. Oder wie er das iPhone-Ladekabel als Messband umdeutete. Und ich dachte mir, wie wenig flexibel wir Erwachsenen geworden sind. Und wie wenig wir uns nur noch zutrauen, Werkzeuge zu erschaffen. Dabei geht es nicht darum, genau die Anwendung perfekt nachzubilden, sondern es sich einfach nur mal vorzustellen. Wie wäre es denn, wenn das Fahrrad vorne einen Korb hätte? Warum trauen wir uns nicht, dieses Szenario kurzerhand mit einem Pappkarton und einem Hüftgürtel am Lenkrad umzusetzen? Wie wäre es, wenn eine Telefonhalterung an der Autoscheibe das iPad halten würde? Warum nehmen wir nicht Tesaband von der nächsten Tankstelle mit und kleben einfach das Gerät an die Scheibe? Wie wäre es, im Büro an einem höhenverstellbaren Tisch zu arbeiten? Einfach eine Getränkekiste auf den Tisch und Computer da rauf. Fertig ist der verstellbare Tisch. Man kann Hüftgürtel, Tesaband und Getränkekisten wunderbar zu Werkzeugen machen und eigentlich so ziemlich jedes Ding. Warum muss man alles kaufen? Wegen der Professionalität? Damit es nicht so dilettantisch provisorisch aussieht? Was ist denn eigentlich so falsch am Dilettantismus? Und warum hat das Provisorium so einen schlechten Ruf? Weil es dem dubiosen Nomadentum näherkommt als dem heldenhaften Siedlertum?

Der Kleine Professor war in allem, was er kreierte, ein Dilettant. Ein ewiger Anfänger. Die Sachen, die er baute, waren nicht für die Ewigkeit. Doch das Entscheidende waren die Produktivität und Geschwindigkeit. Er konstruierte ständig etwas Neues. Und er war sehr schnell. Er hatte zehn Werkzeuge gebaut, da hätten Erwachsene gerade mal einen Satz auf einem Blatt Papier geschrieben. Doch das Bauen von Werkzeugen steckt in uns. Wir waren mal alle MacGyvers und werden leider mit zunehmenden Alter immer mehr zu Mark Zuckerbergs. Klicks. Likes. Scroll. Das ganze Leben spielt sich auf einem Retinadisplay ab.

Der Kleine Professor ermutigte mich, in Problemsituationen cool zu bleiben. Ich machte es wie er. Ich nannte seine Methode die MacGyver-Strategie: Er schaute sich um. Ging eventuell noch ein paar Schritte in alle Richtungen, um sich einen Überblick über die Ressourcen in der unmittelbaren Umgebung zu verschaffen. Und dann versuchte er, Werkzeuge herzustellen. Schnelle Prototypen.

Ich machte es ihm nach. Und so wurde der Kinderwagen beim Holzkauf im Baumarkt kurzerhand zu einem Lastenrad umfunktioniert. Ich schnallte den Kleinen Professor auch schon mal mit meinem schwarzen Gürtel an meinen Reisetrolley, mit dem ich zum Supermarkt ging. Das sah irgendwie unpassend aus, aber warum sollte man nicht mit der Reisetasche den Einkauf machen? Schnürsenkel wurden zu Gürteln. Strümpfe mit Löchern zu Touchpad-fähigen Handschuhen. Blumentöpfe zu Kühlgeräten. Ich fand Gefallen an dem Provisorischen, dem Unfertigen. Immer wenn ich etwas bastelte, zog es die Aufmerksamkeit des Kleinen Professors auf sich. Er griff an meine Schnüre, zuppelte an meinen Konstruktionen. Er wollte meine nicht perfekten Werke weiterbauen. Das Nicht-Perfekte lädt andere Menschen ein, das Werkzeug weiterzuentwickeln. Denn Unfertiges lockt Entwicklung an. Das Perfekte lockt Stillstand an.

Ich fragte mich, wie es wohl wäre, wenn die Erwachsenen sich noch mehr dem Nicht-Perfekten hingeben würden. Wissenschaftler, die dazu einladen, Forschungen weiterzuentwickeln, Schreiberlinge, die ihre Romane offen lassen, Filmemacher, die ihr Publikum auffordern, mit Selfies den Film zu Ende zu drehen. Beamte im Jobcenter, die ihre Mandanten einladen, ihre Akten einfach selbst zu verwalten. Restaurants, in denen man in der Küche selbst neue Rezepte ausprobieren kann ... Wäre das das absolute Chaos? Oder wäre das ein Wechsel in eine neue Gesellschaft, in der die Menschen weniger konsumieren und mehr konstruieren?

19

Warum wir weniger sitzen sollten

(Ein Jahr und einen Monat)

Der Kleine Professor löste sich vom Sessel in der Küche und ging zaghafte vier Schrittchen nach vorne. Sichtlich vergnügt hielt er kurz inne, um dann noch mal drei Schritte nachzuschieben, kurzer stolzer Blick zur Mutter, die ihn mit Komplimenten überhäufte. Dann fiel er zufrieden zu Boden, wo er sicher auf allen Vieren landete. Der Kleine Professor war seine ersten Schritte gegangen. Das war ein einschneidendes Erlebnis für uns alle.

Als Krabbler war er schon sehr schnell und in seinem Erkundungsdrang nahezu uneingeschränkt. Auf zwei Füßen war er noch wacklig und sehr langsam. In nur wenigen Wochen verließ er die Krabbelwelt vollständig. Lääääuft!

Wenn es irgendwas gibt, das Menschen von allein lernen, ohne das Zutun von Erwachsenen, dann ist es: atmen, essen, schlafen und gehen. Und der französische Bildungsaktivist André Stern behauptet sogar, dass Lesen, Schreiben und Rechnen ohne Unterricht erlernt werden können. Wenn Kinder also die wesentlichen Dinge zum Überleben in einer Stadt von allein lernen, warum stecken wir sie dann ständig in irgendwelche Bildungsanstalten? Damit sie es schneller lernen?

Der Kleine Professor sollte mir später zeigen, dass die wesentliche Kraft des Alphabets keine linguistische ist, sondern eine soziale. In der Schule hatte ich das nicht beigebracht bekommen. Und auch nicht die Magie der Zahlen. Also, was bedeutet nun richtiges Lesen, richtiges Schreiben und richtiges Rechnen? All diese Gedanken gingen mir durch den Kopf, als ich den Kleinen Professor laufen sah. Und in Bälde würde er rechnen lernen. Und dann Wettrennen veranstalten. »Erster, Erster, ich bin Erster« singen. Die ersten Wettbewerbe gewinnen und die ersten verlieren.

Ich dachte aber auch daran, dass das Gehen etwas mit unseren Gedanken macht. Menschen sind so stolz auf das Gehen. Interessant ist, dass wir dieses Privileg für allerlei Spaß nutzen: Marathon, Ironman, Bergsteigen. Nur nicht, um von A nach B zu kommen. Viel zu ineffizient. Hierfür nutzen wir Automobile, Busse und Züge. Um ein Auto besitzen zu können, das mich ins Büro bringt, muss ich viel Geld aufbringen und monatlich zusätzlich Benzinkosten, Versicherung und Reparaturkosten tragen. Schätzungsweise wäre das umgerechnet ein Fünftel unserer Arbeitswoche, die wir allein dafür aufbringen, um überhaupt die Voraussetzungen finanzieren zu können, die uns zum Arbeitsplatz bringen. Auf dem Laufband im Fitnessstudio verbringen manche bis zu vier Stunden pro Woche, das entspricht einem halben Arbeitstag. Auch das Laufband will finanziert sein, auch das müssen wir erst erarbeiten. Wir arbeiten also in etwa zehn Stunden pro Woche, um nicht gehen zu müssen und uns dann im Fitnessstudio das Gehen zu ermöglichen.

Mal ganz ketzerisch gefragt: Warum gehen wir eigentlich nicht einfach morgens ins Büro und abends wieder zurück? Jeden Tag gute zehn Kilometer wandern, joggen und laufen. Und arbeiten dafür zehn Stunden weniger im Büro. Das Fitnessstudio könnte man sich sparen.

Wir haben ein mieses Verhältnis zu unseren Beinen. Wir versuchen mit aller Macht, sie zum Erlahmen zu bringen, um sie dann sehr aufwändig wieder zu trainieren. Dabei müssten wir einfach nur gehen. Und zwar immer dann, wann wir von A nach B wollen. Mehr Beine, weniger Bahn. Mehr Treppen, weniger Tram. Mehr Tagesmärsche, weniger Taxi. Einfach nur gehen. Und wem das zu lange dauert, der kann ja Fahrrad fahren oder sich eine andere Form des Gehens ausdenken. Hopsen zum Beispiel. Ich habe es einige Male ausprobiert, auf dem Weg in die Hochschule für Bildende Künste, wo ich eine Gastprofessur innehatte. Ich ließ das schnell wieder sein, weil ich ziemlich schräg angeschaut wurde. Warum eigentlich darf man als Erwachsener in der Öffentlichkeit nicht hopsen? Was ist mit Tänzeln? Seitliches Krabbengehen? Pippi Langstrumpf'sches Rückwärtsgehen? Es gibt so viele Möglichkeiten zu gehen.

Es bedurfte viel Überzeugungskraft in meinem Architekturbüro, meine Kollegen zu einem Spaziermeeting zu bewegen. Oder Meetings im Stehen, im Flur, im Treppenhaus abzuhalten. Die meisten Kollegen konnten sich nicht vorstellen, dass man denken und reden kann, ohne dabei zu sitzen. Dabei macht Gehen den Kopf auf. Nietzsche traute keinem Gedanken, der ihm im Sitzen kam. Auch Yann Martel schrieb seine Romane auf dem Laufband und Steve Jobs schloss seine Millionendeals ausschließlich im Spazierengehen. Das Gehen ist den Sesselpupsern ein Dorn im Auge. In der Bewegung muss man mit unvorhergesehenen Begegnungen rechnen. Klimatische Einflüsse durch Sonne oder Regen könnten vorbereitete Gesprächsverläufe unterwandern. Doch das Gehen ist eine Erinnerung und Mahnung. Daran, dass wir keine geborenen Siedler sind, sondern geborene Nomaden. Wanderer. Kreaturen des Wandels.

Nachdem ich diese Lektion vom Kleinen Professor gelernt hatte, verkaufte ich unseren alten rostigen Käfer und meldete den Motorroller ab. Ich ließ unser Fahrrad im Hof. Ich fing an, wann immer möglich zu gehen. Ich mied auch Fahrstühle und eroberte die Treppenhäuser. Ich gewöhnte mir ab, lästige Taschen bei mir zu tragen, lichtete meinen Schlüsselbund und verbannte mein Portemonnaie. Ich befreite mich von Ballast und ließ meine Gedanken in neue Pfade der Leichtfüßigkeit münden. Seitdem bin ich in einem nicht abreißenden Fluss der Kreativität. Läuft.

20

Wie man den Kampf gegen die Normierung gewinnt

(Ein Jahr und zwei Monate)

Die Kinderkrippe hatte etwas von einer Aufbewahrungsanstalt. Und die Nasen liefen bei allen um die Wette. Ich wunderte mich über die Kinderlieder, die pausenlos vom Band kamen. Das Lied »Drei Chinesen mit dem Kontrabass« endet mit einer Polizeikontrolle. Kinder besingen da etwas, das Aktivisten *Racial Profiling* nennen. Das sind keine normalen Lieder, sondern Musik von Erwachsenen für Kinder. Der Kleine Professor kannte bisher eigentlich nur Maureen McGovern und John Williams. Er kannte nur Musik von Menschen für Menschen. Eines Tages forderten die Erzieherinnen, dass ich ihn doch etwas früher bringen sollte, damit er noch rechtzeitig zum Morgenkreis kam. Die Idee mit dem Morgenkreis ist keine schlechte, doch das hätte bedeutet, dass ich ihn hätte wecken müssen, und zwar kurz nachdem er eingeschlafen war. Jeder Mensch hat seinen eigenen Schlafrhythmus. Die Kinder von der Krippe hatten offensichtlich einen sehr ähnlichen. Ich fragte, ob es denn möglich wäre, auf den Morgenkreis zu verzichten, dann müsste ich seine biologische Uhr nicht stören. Darauf bekam ich die Antwort von einer Erzieherin:

»Na, wo kommen wir denn hin, wenn jeder Mensch so lange schlafen könnte, wie er wollte. Ich kann ja auch nicht aufstehen, wann ich will.«

Das hat gesessen. Und ich verkniff mir einen Kommentar. Irgendwas musste ja auch gut daran sein, dass wir unsere inneren Stimmen und Uhren ignorierten. Ich wollte es ernsthaft ausprobieren und versprach den Erzieherinnen, dass ich ihrer pädagogischen Erfahrung vertrauen und mich fügen würde, auch wenn es mir schwerfalle. Ich weckte ihn also. Er war, wie zu erwarten, schlecht drauf. Doch nach ein paar Tagen gewöhnte er sich an die neuen Wachzeiten. Beim Morgenkreis wollte er nie mitmachen. Er krabbelte immer gleich zur Spielküche.

Dann sollte ich nach einer Woche mal für fünf Minuten den Raum verlassen. Das tat ich. Sie holten mich nach einer Viertelstunde zurück. Der Kleine Professor war so vertieft ins Spiel, dass er meine Abwesenheit nicht bemerkt hatte. Die Versuche in den darauffolgenden Tagen gingen leider alle in die Hose. Nach zwei Monaten baten mich die Erzieherinnen um einen erneuten »Trennungsversuch«. Ich sollte nach genau 20 Minuten wiederkommen. Keine Minute vorher. Mir wurde ganz bange. »Papa Arm, Papa Arm«, forderte der Kleine Professor und ich zog ihn langsam weg von mir und übergab ihn der Erzieherin. Er wehrte sich, indem er mit den Armen fuchtelte und mit den Beinen umhertrat. Ich schloss die Tür hinter mir und hörte, wie er minutenlang gegen die Tür klopfte und nach mir rief. In der dritten Minute hörten die Schläge gegen das Türblatt auf. Fünf Minuten. Er stieß einen Schrei des Schmerzes aus, der nicht mehr aufhören sollte. Die Erzieherinnen versuchten, ihn zu bändigen. Er schrie nun schon acht Minuten ohne Pause nach mir. Vielleicht dachte er, dass wir uns nie mehr wiedersehen. In Minute 13 kam er dann: der stumme Schrei. Der kam, wenn er vor lauter Erschöpfung keinen Ton mehr von sich geben konnte. Ich saß zitternd auf dem Linoleumboden vor der Tür. Als ich reingehen durfte, vibrierte der Kleine Professor am ganzen Körper und schluchzte so stark, dass es seinen gesamten Oberkörper verzog. Seine Nase lief wie ein Wasserfall und vermengte sich mit dem Strom aus Tränen. Seine Augen quollen über und waren rot, wie sein ganzer Kopf, und ich hätte mich in diesem Moment ohrfeigen können. Was hatte ich diesem unschuldigen Wesen angetan? Warum musste ich ihn zu mehr Selbstständigkeit zwingen? Warum war es mir wichtig, dass er so wird wie alle anderen? Ich umarmte ihn ganz fest und drückte ihn so stark an meine Brust, dass ich sein rasendes Herz spüren konnte, und ich bat ihn um Verzeihung.

Warum hatte ich mich bloß dazu hinreißen lassen, ihn so früh in eine Anstalt zu bringen, wo es doch keine Notwendigkeit hierfür gab? Ich war in Elternzeit und von Büroarbeit befreit. Die Pädagogen versicherten mir, dass das alles normal sei. Die Trennung und der Schmerz seien Teil des pädagogischen Konzeptes. Ich verstand diese Pädagogik nicht. Wie kann es normal sein, kleine Wesen von den einzigen Vertrauenspersonen in ihren Leben zu entkoppeln? Für mich klang das nach Normierung. Einreihen in eine Abfolge von Prozessen, die mit Kita beginnt, in die Schulklasse mit 45-Minuten-Takt mündet und dann in Ausbildung oder Studium überführt, wo man sich wieder anpasst, um dann später in einem Betrieb zu hocken oder zu stehen, in dem man keine eigene Meinung haben darf. Die Kita ist für mich der Beginn des Gehorsamkeitstrainings. Das Assessment Center der Leistungsgesellschaft. Und die Nutznießer dieses Gehorsams sind nicht in erster Linie die Kinder.

Wir meldeten den Kleinen Professor nach einem halben Jahr wieder ab. Ich wehrte mich gegen die Normierung. Ein Jahr später haben wir es wieder probiert. Diesmal in einer anderen Kita namens *Panzerknacker*. So sehr ich die Kita als Aufbewahrungsanstalt sah, so sehr musste ich einsehen, dass sie auch ein Ort war, wo der Kleine Professor vor seinen Eltern sicher war. Die Eingewöhnung dauerte auch hier drei Monate. Einige brauchen nur drei Tage. Doch es fühlte sich richtiger an. Das lag daran, dass ich der Normierung eine Chance gab. Zum Beispiel gab es geregelte Mittagessenszeiten, die es bei mir nicht gab. Und mittags wurden auch die Zähne geputzt, was ich nie tat.

Ich musste einsehen, dass die unglücklichen Trennungsversuche auch etwas mit meiner inneren Haltung zu tun gehabt hatten. Ich hatte mich zu sehr gegen die Normierung gewehrt. Ich lernte, dass ich die Standards nur dann verändern kann, wenn ich sie kenne. In der neuen Kita freundete ich mich mit den Standards an. Morgenkreis, Mittagessen, Zähneputzen. Und ich erlaubte mir, mit den Standards zu spielen. Den Mittagsschlaf verbrachte der Kleine Professor nicht in der Kita. Das mochte er nicht. Doch einen geregelten Mittagsschlaf gab es nun fortan zu normierten Zeiten. Nur halt jedes Mal woanders. Ich lernte vom Kleinen Professor: Man kann sich besser gegen die Normierung wehren, wenn man sie annimmt.

21

Das Gedächtnis unserer Herzen

(Ein Jahr und drei Monate)

Neuen, frischen Wind brachte der Winter und vermengte sich mit neuem, frischem Wehmut. In letzter Zeit hatte ich diese Momente öfter. Erst kürzlich, beim Zähneputzen im Bad, war wieder einer dieser Momente gewesen. Als der Kleine Professor und ich uns über das Spiegelbild anlachten und er sich ritualgetreu weigerte, seine Zahnbürste ordnungsgemäß zu nutzen, sie umherwarf, dabei triumphierte und lieber mit dem Wasserhahn spielte. Ihn faszinierte, wie die Schnipsel, die er aus dem Toilettenpapier gezuppelt hatte, in den Abfluss strudelten. Am Ende hat er dann doch die Zähne geputzt. Sogar ohne meine Hilfe. Doch dieses Hickhack gehörte irgendwie zum Spiel und dann sah ich ihn, wie er da so fröhlich den kalten Wasserstrahl inspizierte und dachte mir, was für ein schöner Moment. Wir waren so sehr im Jetzt. Uns fehlte nichts. Ich war. Er war. Wir waren. Mir wurde so warm ums Herz. Und dann wurde ich ein wenig traurig. Er wird sich nicht an diesen Moment erinnern können. Wenn er so alt ist wie ich jetzt, selbst womöglich Kinder hat und mit ihnen feixend wie wir jetzt vor dem Badezimmerspiegel steht. Als ob es nie passiert wäre.

Es machte mich etwas traurig, dass dieser kleine, feine Moment, den wir gerade gemeinsam erlebten, im Leben meines Sohnes offensichtlich keine Spur in seinen Erinnerungen hinterlassen würde. Und dann wünschte ich mir so sehr, dass diese schönen, gemeinsamen Momente in sein Herz finden, wenn sie schon in seinem Gehirn lediglich in einem unerreichbaren Archiv landen. Und ich stellte mir vor, wie es wäre, wenn das Herz auch ein Gedächtnis hätte. Wie schön es wäre, die Lieblingsinformationen hinter der Schädeldecke zu speichern, während man Lieblingsgefühle im Herzen sammeln könnte wie besondere Briefmarken aus fernen Ländern. Gestempelt, Absender und Empfänger notiert. So manch besonderes Gefühl wie eine Sonderedition auf einer Extraseite unter raschelndem Löschpapier ausgestellt. Ein Schatz aus Schnappschüssen, flüchtige Zeugen des Glücks.

Ich suchte mir eine schöne, neue, freie Seite in meinem Herzgedächtnis aus und legte diesen Moment andächtig hinein.

Ich musste an meine Mutter denken. Als sie damals in das Flugzeug gestiegen war, um die größte Reise ihres Lebens zu machen, war ich so alt gewesen wie der Kleine Professor jetzt. Vielleicht hatte es für sie und mich auch solche Momente der Seligkeit gegeben. Vielleicht an dem Tag, an dem ihr eine Wohnung zugebilligt worden war, gleich ein paar Häuser neben der Kirche, in der sie die ersten Wochen verbracht hatte. Im fränkischen Kulmbach. Vielleicht hat sie mit mir auch vor dem Spiegel gestanden. Zähne putzend. Sie hatte schöne Zähne.

So sehr ich mich anstrengte, ich konnte mich nicht daran erinnern. Meine Erinnerungen setzen mit vier oder fünf Jahren ein. Ich fragte den Kleinen Professor, ob er mal mitkommen wolle, Oma auf dem Friedhof besuchen. Doch er war zu sehr mit dem Wasserstrahl beschäftigt, um auf mich reagieren zu können. Ich trug ihn ins Karnevalszimmer und wir blieben vor dem Spind stehen, auf den ich eine Buddha-Figur, ein Foto meiner Mutter und zwei rote Friedhofskerzen gestellt hatte. Ein Altar – eher lieblos gestaltet – zu Ehren meiner Mutter. Viel zu selten zünde ich ein Räucherstäbchen für meine Mutter an, dachte ich. Das letzte Mal war an dem Tag gewesen, als wir mit dem Kleinen Professor aus dem Kreißsaal nach Hause gekommen waren. In dieser Nacht war ein Räucherstäbchen geglommen. Seitdem hatte ich nicht mehr zu meiner Mutter gesprochen und gebetet.

Der Kleine Professor beobachtete mich dabei, wie ich das Räucherstäbchen anzündete. Und dann geschah etwas, das ich niemals vergessen werde. Der Kleine Professor nahm seine Hände zusammen, lachte mich verschmitzt an, verneigte sich und sagte: »Tuu.« Ich muss mich verhört haben, dachte ich. *Tuu* ist laotisch und bedeutet »Gebet«. Der Kleine Professor betete. Wenn auch nur im Spaß. Hatte er das wirklich gemeint? Wer hatte ihm das beigebracht? Das musste mein Vater gewesen sein. Doch der betete eigentlich nie. Oder vielleicht auch meine Cousine, bei der wir auch schon mehrere Male gewesen waren. Sie war sehr religiös und hatte sich auch einen Altar in das Wohnzimmer gebaut. Von ihr wusste ich, dass sie viel betete. Ja, von meiner Cousine musste er das gelernt haben. Was diese kleinen Wesen so beiläufig alles aufschnappen. Unglaublich.

Von da an sah ich ihn immer wieder einen Gebetsgruß aussenden. Zum Beispiel an der Kasse vom Supermarkt. Am Ausgang stand nämlich eine kleine goldene, indische Buddha-Statue. Er verbeugte sich vor ihr, faltete die Hände wie zum Gebet und sagte »Tuu«. Dann lächelte er ein wenig verlegen. Meine Frau, die dabei war, traute ihren Augen nicht. Das machte er auch bei einer anderen indischen Figur, die das Schaufenster eines indischen Restaurants in der Bergmannstraße zierte. Er grinste uns an und verbeugte sich kurz zum Gebetsgruß. Das machte er übrigens auch am Kreuzberg-Denkmal, wo gar kein Buddha war, sondern eine grün schimmernde Statue stand. Als wir das nächste Mal bei meiner Cousine waren, erzählte ich ihr davon, und sie freute sich. Ich fragte sie, wie sie ihm das beigebracht hatte. Sie ging daraufhin zum Fenster und ließ frischen, neuen, kalten Wind hinein und schenkte mir grünen Tee ein. Dann sagte sie mit einer ruhigen Stimme: Sie war es nicht.

22

Warum Kinder (und andere Minderheiten) in die Öffentlichkeit gehören

(Ein Jahr und drei Monate)

Kürzlich hatte ein neues kleines Café in unserem Haus eröffnet: Romeo und Julia nannte ich die beiden Betreiber, ein Pärchen, das sich im Souterrain auf 60 gefliesten Quadratmetern verwirklichen wollte. Julia wirkte auf mich nicht so kinderfreundlich, weshalb ich mit ihrem Café nicht warm geworden war. Ich hatte ihr mal meine Hilfe als Architekt angeboten und war etwas beleidigt, dass sie meine Ideen nicht gut gefunden hatte.

Wenn ich mit dem Kleinen Professor unterwegs war, suchte ich mir die Cafés sorgfältig aus. Er krabbelte sehr gern auf dem Boden. Begeisterte sich seit längerer Zeit für Steckdosen, Knöpfe und schaltete mit Vorliebe die Kühltheken aus, weil sie in greifbarer Höhe mit einem roten Schalter lockten. Sicherlich war der Kleine Professor putzig, aber er ging bestimmt auch einigen auf die Nerven. Er konnte ja auch sehr laut sein. Und er erlegte sein morgendliches Croissant wie eine Beute, sodass unser Tisch stets wie ein Schlachthof aussah.

Mein Stammcafé *Coffee Cult* hatte mir nach wenigen Monaten Hausverbot erteilt, und ich begann, den Entdeckerdrang unseres Professors zu drosseln, was mir selbst nicht behagte. Ich fand es grandios, wenn er Croissantfetzen in das Wasserglas tunkte, um zu studieren, wie sich die Konsistenz veränderte. Der Kleine Professor war nun mal Forscher, aber aus Sicht von Erwachsenen sah das aus wie sinnlose Manscherei. Aus Rücksicht auf die Tischnachbarn ermahnte ich den Kleinen Professor, seine Studien in öffentlichen Etablissements einzuschränken.

Und mir wurde bewusst, wie selten Kleinkinder in Cafés, in Kinos, im Theater, in der Uni, in Opern, in Konferenzen, auf Messen, auf Straßen, kurzum: im öffentlichen Leben zu sehen sind. Im Grunde gibt es sie nur auf Spielplätzen und in Parks oder in speziell für Kinder hergerichteten Orten (Kindertheater, Kindermuseum, Kinderpsychiatrie). Auf der Straße und in Supermärkten werden sie schnell durch die Szenerie bugsiert. Aber aufhalten sollen sie sich dort nicht. Und dann fiel mir auf, wie wenig vielfältig unser Straßenbild ist, auch im so viel gepriesenen Multikulti-Kreuzberg. Die Gesellschaft besteht ja nicht nur aus Eltern und Kindern. Ich sehe Punks, Bettler, Straßenmusikanten. Von denen gibt es viele zu sehen. Doch wo sind die Rollstühle? Wo die Dementen? Die Spastiker? Abhängende Jugendliche? Wo sind die Frauen mit Kopftuch? Obwohl in den Kreuzberger Schulen der muslimische Anteil in manchen Klassen sogar über die Hälfte beträgt, sehe ich die muslimischen Schwestern, Tanten und Mütter nicht in der Bergmannstraße an einem runden Tisch mit Marmorfuß sitzen. Ich sehe sie auch nicht in den Kinos, im Theater, in den Unis, in Opern, in Konferenzen, auf Messen und auf den Straßen. Das Gleiche gilt für die Rollstuhlfraktion, die Dementen, die Armen, die Sinti und Roma usw. Es ist natürlich das gute Recht eines jeden Menschen, zu Hause zu sein oder nur mit seinesgleichen zu verkehren. Doch mir kam der Verdacht, dass viele einfach das Gefühl haben, dass sie in der Öffentlichkeit nicht willkommen sind. Zumindest weiß ich das von meinen Freunden, die Kleinkinder haben. Die würden sie nicht mit ins Café nehmen, zu einem Meeting, ins Museum oder gar ins Büro. Da stören die doch nur, und man wirke als Mutter mit Kleinkind im Büro nicht so kompetent, war die Befürchtung. Das mag sein.

Wie würde sich Deutschland verändern, wenn es normal wäre, dem Nachrichtensprecher mit Baby im Wickeltuch vor sich schaukelnd zu lauschen oder bei Talkshows Kinder durch das Bild huschen zu sehen oder im Parlament eine Kinderecke direkt am zentralen Rednerpult anzubieten? Welche Botschaft würden wir aussenden, wenn wir unsere Kinder nicht mehr versteckten? Wenn wir aufhörten, unsere Zukunft wegzusperren? Und welche Botschaft senden wir hingegen, wenn wir alle Menschen, die aus dem Rahmen fallen, aus dem öffentlichen Bild raushalten? Es gibt über zwei Millionen Sunniten, 500 000 Aleviten und 120 000 Schiiten in Deutschland. Insgesamt rund vier Millionen Muslime. Wo sind die im Parlament und in den Chefredaktionen? Ich habe bislang noch keine

Wetterfee mit Hidschāb gesehen. In Berlin gibt es Schätzungen zufolge 500 000 Schwarze Deutsche. Wo sind die Schwarzen in den Polizeirevieren oder im Lehrerkollegium? Wo sind die Kleinwüchsigen, die Dicken, die Queers, die Kinder und Alten im festen Moderationsstamm der ARD? Und was sagt es aus, dass sie diesen Bereichen fernbleiben?

Minderheiten, auch wenn sie das Mainstreambild irritieren, gehören ins Parlament! Sie gehören ins Fernsehen, in die Polizei, in den Verfassungsschutz und in den Bundesgerichtshof. Und zuallererst in das öffentliche Straßenbild wie die Latte Macchiato schlürfenden Hipster. Das wäre schon mal ein erster Schritt, der sehr viel verändern kann. Berührungsängste abbauen. Vorurteile entlarven. Begegnungen schaffen. Neue Impulse ermöglichen.

Der Kleine Professor hat es auch getan. In dem kleinen Café fing er an, mit Julia zu flirten. Er konnte sogar ihren Namen sagen. Und aus Spaß sagte er: »Julia, ich hab dich lieb.«

Romeo, der sich schon seit Langem ein Kind mit Julia wünschte, freute sich über den neuen kleinen Freund und erzählte mir, dass sich seine Freundin erst noch finanziell besser stellen wolle, bevor sie mit der Familienplanung anfangen könnten. Insgesamt sei sie einfach nicht so der Familientyp.

Es dauerte keine Woche und es entstand eine herzliche Beziehung zwischen dem Kleinen Professor und Julia. Und auch zwischen mir und der Frau, die ich anfangs sonderbar gefunden hatte. Durch den Kleinen Professor lernte ich sie von einer anderen

Seite kennen. Ich fing an, sie zu mögen, und baute meine Vorurteile ab. Die Freundschaft zwischen dem Kleinen Professor und Julia führte dazu, dass ich ein neues Stammcafé fand. Und sie mündete in ein Ereignis. Julia, die eigentlich nie kinderlieb gewesen war, hatte einen Traum, den Romeo schon aufgegeben hatte. Sie träumte davon, schwanger zu sein.

23

Glasscherben sind nicht gefährlich

(Ein Jahr und sechs Monate)

Es war nun der zweite gemeinsame Sommer. Der Kleine Professor hatte von meiner Frau grüne Sandalen bekommen, die er nur ungern trug, zu Hause lief er barfuß. Draußen sollte es zu seiner Angewohnheit werden, auch barfuß zu gehen. Auf dem harten, dreckigen, kantigen Asphalt, über Pflastersteine und Bordsteinkanten, über Kaugummis, Zigarettenkippen und all den rauen Grund, den andere Dreck nennen und ich Urbanität. Nicht alle fanden es verantwortungsbewusst von uns, den Kleinen Professor ohne Schuhe rumlaufen zu lassen. Seine Füße waren nach einem ganzen Tag im Freien rabenschwarz. Damit durfte er ungewaschen natürlich nicht auf das Sofa.

Ich beobachtete, dass der Kleine Professor in den Sandalen anders ging. Viel mehr auf den Hacken. Barfuß auf Hacken gehen tut weh, deshalb ging er ohne Schuhe auf den Vorderfüßen, was seinem Gang mehr Federung verlieh. Er sprang und rannte und konnte alles, was er mit Schuhen machte, auch barfuß. Nur vorsichtiger. Er schliff zum Beispiel nicht die Füße am Boden entlang. Ärzte bestätigen: Barfuß gehen ist gesund! Im Fuß sind 32 Muskeln, die alle darauf ausgerichtet sind, die Knie und die Wirbelsäule abzufedern.

Schuhsohlen können das nicht, im Gegenteil: Schuhe machen die Füße steif. Die Fußmuskeln verkümmern. Mit gravierenden Folgen für Knie und Rücken. Außerdem ist die Fußsohle eine neuronale Kommandozentrale. Unsere Fußsohle ist für unseren Körper das, was die Tasten für das Klavier sind. Hier bildet sich die Partitur unserer Gesundheit ab. Deshalb werden hier bevorzugt Akupunkturnadeln gesetzt, wenn das Herz, die Niere, die Lungen, das Gehirn und über 20 andere Organe stimuliert werden sollen. Warum sollte man diesen edlen Körperteil verhüllen? Weil man krank werden könnte?

Barfuß-Aktivisten weisen diese Behauptung natürlich zurück. Eine Erkältung bekommt man durch nasskalte Hüften oder durch Tröpfchen vom Niesen. Nicht durch einen trockenen, kalten Boden. Bis in den Winter hinein und bei zehn Grad Celsius gehen einige Fuß-Nudisten auf die Straße. Es stärke sogar ihr Immunsystem, sagen sie. Und Fußpilz? Pilze bevorzugen eigentlich eher feuchtwarme Schuhsohlen als trockene, luftige Haut.

Was ist mit Parasiten? In Zentral- und Südamerika, West- und Ostafrika, Indien und tropischen Gebieten lauern tatsächlich Hautmaulwürfe und Sandflöhe. Auf der nördlichen Halbkugel sind solche Gefahren nicht sehr verbreitet.

Es gibt eigentlich keine gesundheitlichen Argumente, warum wir Europäer unsere Füße in kleine Schachteln zwängen sollten. Außer diesem nun folgenden Killerargument: Glasscherben! Mir sind Passanten begegnet, die uns vor Glasscherben auf dem

Gehweg warnten, die nicht da waren, aber da sein könnten. Achtung! Als ob das Leben aufhört, wenn man in Glasscherben tritt. Der Kleine Professor ist über Glasscherben gelaufen und was passierte? – Nichts. Ich probierte es dann auch mal vorsichtig aus. Und holte mir entgegen aller Überzeugung keine Schnitte. Tatsächlich, die Horrorvorstellung, dass man sich blutige Füße holt, wenn man über Glas läuft, ist völlig übertrieben. Man muss schon mutwillig mit steifem Fuß auf die Spitzen einer Scherbe treten, um sich zu verletzen. Und diese Scherbe müsste sich auf einer unnachgiebigen, ebenen Oberfläche befinden. Zum Beispiel auf einem gefliesten Küchenboden. Doch im Freien ist der Bürgersteig ja voll von Ritzen, Fugen und Niveauunterschieden. Scherben im Freien mögen gefährlich für Fahrradreifen sein, aber nicht für stolze Füße.

Ich begann, meine Turnschuhe auszusortieren, zog die Strümpfe aus, fing an, mich mehr um ein schönes Nagelbett zu bemühen und holte die Flipflops aus dem Schrank. Während ich diese Zeilen schreibe, sitze ich mit meiner Frau in einem Frühstückscafé. Meine Frau hat ebenfalls ihre Schuhe gelockert und kuschelt sich mit ihren Fußballen an meinen Fußrücken. Und ich lerne einen weiteren Vorteil der Barfüßigkeit kennen: Sie macht Lust auf die Liebe.

24

Es gibt nur ein Geschlecht, und es mag rote Damenschuhe

(Ein Jahr und sechs Monate)

Als der Kleine Professor eines Morgens in den roten Damenschuhen meiner Frau in die Küche trottete, konnten wir uns vor Lachen nicht mehr halten. Erstaunlich war, dass es ihm überhaupt gelang, mit diesen hohen Absätzen zu gehen, ohne zu stolpern. Sein Gesichtsausdruck war eine Mischung aus Stolz und Provokation. Ich begriff, welche Aufgabe er mir mit dieser Vorführung gab.

Der Kleine Professor zwang mich, über mein Verständnis vom Mannsein nachzudenken. Ich hatte noch nie einen Rock oder schwarze Damenstrumpfhosen getragen. Warum sollte ich, werden viele Männer sagen. Warum aber auch nicht? Diese Kleidernormen sind ja nicht naturgegeben, sondern Zuweisungen. Und sie fallen je nach Mode und Kultur sehr unterschiedlich aus. Bei T-Shirts sieht man den Unterschied gut. Tiefe Ausschnitte sind für Frauen bestimmt, die ein Dekolleté betonen. Ich habe in den letzten Jahren aber auch schon Männer gesehen, die tief geschnittene Shirts trugen. Und in den Siebzigern haben ja Musiker auch ihre Hemden bis zum untersten Knopf offen getragen und ihr Brusthaar zur Schau gestellt. Doch nur, weil es sich einige wenige so gedacht haben, heißt das noch lange nicht, dass ich es blind annehmen muss, oder? Und so ein Rock im Sommer ist doch eigentlich eine gute, luftige Angelegenheit. Heute Hidschāb, morgen Highheels, schmale, dunkelrote Damenhandschuhe, ein Minirock, wenn es draußen heiß ist, und dann noch den Lidschatten in Anthrazit auftragen, um die Augen zu betonen, und die Fingernägel schwarz anmalen, weil das einfach gut zu dem Lidschatten passt. Ich wäre nicht der Erste, der das tut. Viele Musiker wie Prince haben sich die Augen geschminkt. Und in Indien gab es vor 2000 Jahren einen echten Prinzen, der in manchen Darstellungen einen Busen hatte: Siddhartha Gautama, der Begründer des Buddhismus.

Der Kleine Professor hatte keine Angst davor, in Damenschuhe zu schlüpfen. Und im Kinderladen beobachtete ich auch, dass er keinen Unterschied zwischen Jungs und Mädchen machte. Er gab beiden einen Kuss auf den Mund, wenn er die Person mochte. Wann hatte ich das letzte Mal einen Mann auf den Mund geküsst? Ich glaube, noch nie. In 20 Jahren wird vielleicht kein Mensch mehr über das Mann- oder Frausein nachdenken. Und darüber, was die Norm sein sollte. Irgendwann wird Mensch jeden heiraten können. Ohne dass jemand schräg guckt. Niemand wird schlechter bezahlt, weil der Person ein Geschlecht zugeschrieben wird, das nicht männlich ist. Irgendwann wird es völlig normal sein, dass Toiletten nicht auf zwei Geschlechter reduziert werden. Die Lesbian-Gay-Bisexual-Transgender-Bewegung (LGBT) sieht auch gar nicht ein, dass man Menschen auf zwei Geschlechter reduziert. Was ist mit den Menschen, die sich weder dem einen noch dem anderen zugehörig fühlen? Es fängt damit an, dass wir uns von der Idee verabschieden müssen, dass der Mensch nur aus Adam oder Eva besteht. Sondern auch aus Evam, Adeva und Ave und Mada. Es gibt nicht zwei Geschlechter. Es gibt nur ein Geschlecht: das Menschengeschlecht. Und als tanzende Wandelwesen sollten wir uns Zeit lassen, uns durch verschiedene Identitäten grooven zu dürfen.

Ein paar Monate später wurde ich von einem Verein zu einer Mottoparty eingeladen, auf der die Seventies ausgerufen wurden. Ich kaufte mir eine Perücke mit langen, schwarzen Haaren, trug ein weites Oberteil mit großem Ausschnitt und eine knallenge Schlaghose und ging als Yoko Ono. Es war lustig. Vielleicht frag ich beim nächsten Mal den Kleinen Professor, ob er mir die roten Damenschuhe seiner Mutter leiht.

25

Das soziale Alphabet

(Ein Jahr und sieben Monate)

Ich trug eines meiner T-Shirts aus alten Studientagen, auf dem die Buchstaben L, U und X zu lesen waren. Den Kleinen Professor faszinierte das X am meisten. Und er sah den Buchstaben überall, auch da, wo er gar nicht war. Und zwar immer dann, wenn er ein Kreuz sah. In einem Park waren weiße Kreuze auf dem Boden zu sehen, vermutlich als Markierung für eine Baustelle gedacht. Der Kleine Professor zeigte stolz auf die Kreuze und sagte: »X«. Er versuchte gewissermaßen, die Straße zu lesen. Ich fand das grandios und lernte durch den Kleinen Professor, dass man ja auch Ornamente von Stuckfassaden lesen kann oder Muster von Gardinen. Überall, wo ein Kreuz auftauchte, sagte er wie ein findiger Sammler: »X«.

Das änderte sich, nachdem er das Alphabet-Lied entdeckt hatte und im Kinderwagen mit großer Sorgfalt dieses Lied wie ein Sutra vor sich her sang. Ich hatte nicht den Eindruck, dass er verstand, dass dieses Lied die Aufzählung von Codes war. Er zog die Buchstaben L-M-N-O-P so schön zu einem »Ellemenn Opeh« und ich dachte dabei immer an den Rapper Marshall Mathers, dessen Künstlername Eminem ja auch das Zusammenziehen von »M and M« bedeutete, den Initialen seines Namens.

Insgesamt fand ich das Alphabet als Lesehilfe eher verwirrend. Die Buchstaben F und V oder Ü und Y oder K und Q können je nach Verwendung in ihrem Klang völlig identisch sein, wohingegen viele Buchstaben wie C, G, E, O, P, S oder Z gleich für mehrere Laute stehen. Allein in dem Wort »Ente« wird das E für zwei völlig verschiedene Laute gebraucht. Vietnamesen würden das so schreiben: Entở. Die Türken vermutlich so: Entı. (Ich gebe zu, ich bin schon ziemlich stolz darauf, dass der Kleine Professor mit noch nicht mal zwei Jahren bereits Buchstaben lesen konnte.)

Als ich einige Zeit später wieder mein LUX-Shirt anhatte, fragte ich ihn, ob er die Buchstaben kenne. Das L konnte er sich nicht merken. Das U schon. Das kannte er vom U-Bahnfahren. Beim letzten Buchstaben machte ich eine interessante Beobachtung. Der Kleine Professor sah das X und sagte »Ypsilon«. Das X musste ihn an das Alphabet-Lied erinnert haben und auf das X folgte in dem Vers halt das Y. Für ihn gab es eine Verbindung zwischen dem X und dem Y.

Habe ich jemals an ein C gedacht, wenn ich ein B gesehen habe? Oder an ein F, wenn ich ein E sah? Für mich ist jeder Buchstabe ein eigenständiger Buchstabe. Völlig isoliert von seinen Nachbarn im Alphabet. Für den Kleinen Professor war das nicht so. Er sah in dem X seinen Nachbarn Y. Als ob das ein Paar wäre. Und mir wurde bewusst, dass das Alphabet, so wie es uns beigebracht wird, viel zu mechanisch ist. Wie würde sich die Welt verändern, wenn wir noch mehr in Beziehungen und in Paaren denken würden, und weniger in isolierten Einzelelementen? Im C auch das Wohl des D suchen?

Und ich erinnerte mich an eine Verszeile des deutschen Liedermachers Masen Abou Dakn: »Aus eins und eins wird drei dann vier«, eine mathematische Zahlenfolge, die dem Kleinen Professor gefallen würde. Sie beschreibt mit Zahlen die Gründung einer Familie. In der ein Mann auf eine Frau trifft und zwei Kinder entstehen. Der Kleine Professor brachte mir das Alphabet neu bei. Und zwar eines, das mich aufforderte, Beziehungen und Zusammengehörigkeit zu erkennen. So wie das Alphabet ein Werkzeug ist, um die Welt besser zu verstehen, ermutigte er mich in anderen Werkzeugen wie der Mathematik das Verbindende zu sehen und weniger das Trennende. Wenn ich will, ist das Ypsilon überall zu sehen, wo Kreuze sind. Ich konnte auf diese Weise neu lesen und schreiben lernen, dank meines neuen Alphabets: dem sozialen Alphabet.

26

Wofür Widerstand gut ist

(Ein Jahr und acht Monate)

Ich beobachtete, dass der Kleine Professor zunehmend widersprach. Nein. Nein. Nein. Der Kleine Professor wollte nicht die Füße vom Tisch tun, nicht die Schere aus der Hand geben und nicht die Fleischbeilage zu den Pommes essen. Er war ungehorsam wie nie zuvor. Wie konnte das passieren? Wir hatten ihm wenig Anlässe gegeben, zu streiken. Er durfte eigentlich schon immer alles tun, was er wollte.

Ich fragte mich, ob er vielleicht gar nicht »nein« meinte, sondern einfach nur wissen wollte, wie weit er gehen konnte. Wo die Grenzen waren. Das passte gut zu seiner körperlichen Entwicklung. Denn er lief nun sicher und rannte auch gern. Er war dabei, seinen Radius der Selbstbestimmung auszuweiten. Es waren Grenzverschiebungen. Seine Welt dehnte sich aus. Anfangs versuchte ich, ihm mit Argumenten zu kommen. Doch seine Argumente waren immer die besseren. Innerlich imponierte mir sein Selbstbewusstsein. Und ich fand ihn einfach zu putzig, als dass ich lange hätte böse auf ihn sein können. Mir fiel der junge Vater ein, den ich in unserem Supermarkt gesehen hatte, wie er verzweifelt seinem Sohn hinterherrannte und quer über die Regale fluchte: »Finn, du machst mich wahnsinnig!« Weil Finn seinen eigenen Weg ging und nicht seinem Vater folgte.

Das nächste Mal, als ich den Vater auf der Straße »Finn, du machst mich wahnsinnig!« fluchen hörte, war, als Finn mit dem Kinderroller aus Versehen in den Reifen eines parkenden Fahrrades fuhr. Nichts Schlimmes. Ich nahm mir vor, weder im Supermarkt noch auf der Straße zu fluchen. Ich wollte keiner der Finn-Väter sein, die alles wahnsinnig machte.

Sollte ich vom Kleinen Professor einfordern, zu gehorchen? Wenn er anderen Kindern wehtat, schnurstracks auf eine stark befahrene Straßenkreuzung zu rannte oder Lollis zum Schlafengehen in den Mund nahm, dann natürlich schon. Meine Frau machte es anders als ich. Sie versuchte, ihm zu erklären, dass Lollis aus Zucker sind und Zucker im Mund zu Karies werden kann. Sie sagte auch nie: »Das darfst du nicht.« Sondern: »Ich möchte das nicht.«

Ich redete gar nicht viel, sondern nahm ihm den Lolli aus dem Mund oder hielt ihn fest, wenn er auf die Straße rennen wollte. Ich nutzte meine körperliche Überlegenheit schamlos aus. Ich spielte die Machtkarte.

Bei seinen anderen Protestaktionen habe ich ihn einfach gelassen. Ich versuchte es eher mit Ablenkung und Humor als mit Konfrontation und Ernst. Das funktionierte bisweilen ganz gut. Ich war mir sicher, dass es pädagogisch nicht sauber war. Aber es ging hier nicht nur um sein Wohl. Es ging um unser aller Wohl. Wir beide mussten uns wohlfühlen.

Ich gewöhnte mir die »Wirklich-wirklich-schlimm«-Methode an. Ich fragte mich: Ist es wirklich, wirklich schlimm, dass er die Schuhe falsch rum anzieht, den Nachtisch vor der Hauptspeise verzehrt? Falls die Antwort nein sein sollte, ließ ich ihn machen, diskutierte nicht und wartete einfach ab und beobachtete, wie sich die Situation weiter entwickelte. Manche werden nun monieren, dass er auf diese Weise verzogen werde, die Regeln des Alltags nicht lerne und schlussendlich nicht gesellschaftsfähig sei. Ich sehe das anders: Die Widerstandshaltung ist (wenn sie sich abwechselt mit Loyalität, Gemeinschaftssinn, Vergeben und Großzügigkeit) gut für seine Identitätsfindung. Denn der wahre Charakter beginnt da, wo die Erziehung aufhört. Die Bodenhaftung beginnt im Widerstand. Es braucht den Bruch mit dem Bekannten, um herauszufinden, was das Unbekannte ist.

Wie sehr trauen wir Erwachsenen uns eigentlich noch in dieses unbekannte Terrain? An diesen Ort, wo wir den Menschen antreffen, der wir sind, und nicht den, der wir sein dürfen. Sind wir nicht schon längst gefangen in einem dichten Netz von Anweisungen? Wie viel Freiheit kennen wir wirklich? Können wir ein Leben wählen ohne Steuernummer? Eines ohne Zensuren in der Schulbildung? Eines ohne festen Wohnsitz? Eines ohne Staatsangehörigkeit? Ist es zu viel verlangt, wenn ich nicht einem Staat gehören will? Wäre es in einer globalisierten Welt nicht eh zeitgemäßer, sich einer politischen Idee zugehörig zu erklären statt einem Staat? Ideen statt ID. Wir hätten keine ID-Cards oder Personalausweise, sondern Idea-Cards und Persönlichkeitsausweise. Darin würden Menschenwürde, Familiensinn und Karma-Ökonomie stehen. Und ich würde mich allen Gemeinschaften der Welt zugehörig fühlen, die genau diese Ideen zum Ideal erklären.

Überall sehe ich schlaue Leute, die blind Regeln gehorchen, die sie selbst nicht verstehen. Auch Wissens-, Kunst- oder Kulturschaffende sind hiervon nicht befreit. Während die Professorenzunft am laufenden Band publiziert, nur um des Publizierens Willen, Kunstschaffende sich dem Druck der Kunstindustrie beugen und Kulturmenschen sich der Verwertungsindustrie hingeben, frage ich mich, ob es noch Oasen des freien Willens und des Ungehorsams gibt. In der Freizeit vielleicht? Fehlanzeige, die ist im Griff der Freizeitindustrie. Sogar in den intimsten Momenten ist man nicht frei. Hier gehorchen wir den Anweisungen der Sexindustrie. Es scheint keine Lichtung zu geben im Dschungel des Gehorsams.

Wenn nicht mehr Menschen unser tägliches Tun hinterfragen, steuern wir auf eine weltweite Katastrophe zu. In nur einigen wenigen Jahrzehnten ist es uns gelungen, Tausende Tierarten auszurotten und das Klima völlig aus dem Gleichgewicht zu bringen. Kriege, Massenflucht, Hunger, Terror, Rassismus, Fettleibigkeit und Hass sind die Folgen davon, aber auch gleichzeitig die Garanten für den Wohlstand einiger weniger. Die Anführer der Angepassten zehren von all diesen Missständen. Die Angepassten wären die Letzten, die hier irgendetwas verändern würden. Wir haben nicht zu viele Widerständler, sondern zu viele Angepasste. So verstehe ich die Nein-Haltung des Kleinen Professors als guten Anlass, um in regelmäßigen Abständen den Widerstand zu üben. Wir brauchen ihn dringender denn je.

27

Worte brauchen Urlaub

(Zwei Jahre und einen Monat)

Kürzlich bei uns zu Hause:

Ich (in der Unterhaltung mit Freunden): »Warum heißt die Deutsche Verfassung eigentlich Grundgesetz und nicht Verfassung?«

Ein Freund: »Hmm ... Weil es ein temporäres Konstrukt ist?«

Jemand anders: »Weil es während der Besatzung geschrieben wurde?«

Der Kleine Professor: »Weil mein Schatz ein Feuerwehrmann ist!«

Der Kleine Professor war nun zwei Jahre alt und konnte schon erste Sätze sagen, das machte ihn zum Komiker. Wo er aufkreuzte, brachte er Menschen zum Lachen. Dabei tat er etwas sehr Geniales. Er kombinierte Wort- oder Satzfetzen miteinander, die aus dem Zusammenhang gerissen erschienen oder kreierte neue Wortschöpfungen. In seinem Mund bekamen Worte teilweise eine völlig neue Bedeutung. Hier einige Beispiele:

Meine Frau (zum Kleinen Professor): »I love you so much.«

Ich ergänzend: »I love you, too.«

Der Kleine Professor: »I love you too much.«

(two?)

Einer der ersten Laute, die der Kleine Professor von sich gab, war »Mamamm« und etwas, das wie »wunderbar« klang. Interessanterweise brabbelte er je nach Stimmungslage auch »wunderwunderbar«. Wenn er richtig gut drauf war, klang das wie »wunderwunderwunderwunderwunderbar«. Das sagte er, als er fast ein Jahr alt war. Es folgten dann »mein Bagger« und später auch Bus, Doppeldecker, Windrad, ICE (er sagte »ICC«) und S-Bahn (er sagte »Ibahne«). Auch sehr beliebt: Helikopter, die öfter als man denkt unseren Kreuzberger Himmel kreuzten. Er zeigte dann fasziniert in die Luft und rief: »Hauta«. Ebenfalls hoch im Kurs waren Skateboard (»Gehbord«) und Spielplatz (»Pielpatt«). Wenn er etwas haben wollte, sagte er »ich habet«, was irgendwie nach Shakespeare klang. Und wenn er getragen werden wollte, rief er »Papa Arm«. Ich habe ihn dann immer hochgenommen. Es konnte natürlich auch sein, dass er meinen Kontostand meinte und sich um meine finanzielle Situation sorgte. Nun gut, auch in diesem Fall war die beruhigende Umarmung nicht verkehrt.

Der Kleine Professor schickte die Worte in die Ferien und befreite sie von der grammatikalischen Autobahn. Tempo drosseln. Worte auch mal nicht in den überfüllten Kommunikationsverkehr senden. Und sie kehrten zurück, erholt und mit neuen Kräften aufgetankt, stolzierten sie in seinem Mund, in neuen Gewändern, als neue Paare, in neuen Freundeskreisen und Bedeutungsfamilien. Eine Zeit lang schleuste er ein »Kackwürstchen« in jeden zweiten Satz ein. Kinderlieder bekamen dadurch endlich den Punk, der in den Kinderbüchern so fehlte: »Meine Kackwürstchen-Hände sind verschwunden. Ich habe keine Kackwürstchen-Hände mehr. Ei, da sind die Kackwürstchen-Hände wieder. Schalala Lala Lala.« Tourette-Poesie pur.

Das machte mir deutlich, welches Potenzial in unserer Sprache steckt. Wenn wir es zulassen, dass sie Pause machen darf von Korrektheit und Bedeutung. Worte haben einen schwierigen Job. Das richtige »ja« zur richtigen Zeit kann zwei Familien miteinander vermählen, ein fehlgedeuteter Superlativ machte Wissenschaftler wie Charles Darwin indirekt zum Wegbereiter der NS-Ideologie. Darwin meinte mit *»Survival of the fittest«* nämlich nicht (wie heute noch oft fälschlicherweise kolportiert wird) »Der Stärkste überlebt«, sondern »Der am besten Angepasste überlebt«.

Der Kleine Professor beendete auch seine Sätze mittendrin, wenn sie ihn langweilten. Wäre es nicht toll, wenn wir im Erwachsenenleben unsere Sätze auch einfach beenden könnten, wenn uns danach ist? Und nicht immer so sklavisch. Wir würden so viel Zeit sparen, wenn. Doch Vorsicht: Viele macht es aggressiv, wenn man seine Sätze nicht zu Ende.

Vom Kleinen Professor lernte ich, dass wir Worte nicht zu sehr bemühen sollten, gerade dann, wenn es um wichtige Sachverhalte geht. Da eignen sich Blicke, Gesten, Umarmungen und ein Mangoeis mit Streuseln eh besser.

Worte sind ein Weg, um sich zu verständigen. Um auf etwas zu deuten. Aber es gibt so viele andere Formen der Verständigung, die durchaus mehr bedeuten können: Miteinander lachen, tanzen, bauen, basteln, kochen, essen, spielen ... Lasst uns Worte öfter mal in den Urlaub schicken. Warum? Na, weil mein Schatz ein Feuerwehrmann ist.

28

Wir waren mal Meister im Vergeben

(Zwei Jahre und drei Monate)

Während ich diese Zeilen schreibe, zittere ich. Ich halte ihn fest im Arm, den Kleinen Professor. Er zitterte auch am ganzen Körper. Doch jetzt nicht mehr. Jetzt ist er eingeschlafen. Heute hörte ich eine grausame Stimme, die uns beide das Fürchten lehrte. Sie war laut, durchdringend und böse. Und: Sie kam aus meinem Mund.

So war die Situation: Schlafengehzeit. Der Kleine Professor tat das, was halt alle Kinder in seinem Alter gern tun. Er knallte mit den Türen und sprang durch die Wohnung. Meine Frau ermahnte ihn, aufzuhören. Daraufhin sprang er noch höher, sodass er mit den Hacken besonders laut auf dem Boden aufschlug. Während der Kleine Professor triumphierend lachte, brannte bei mir eine Sicherung durch. Ohne Vorwarnung packte ich ihn am linken Oberarm, wirbelte ihn durch die gesamte Wohnung und beförderte ihn nach draußen. Er stieß glücklicherweise an keine Möbelkante, doch das hätte ich in Kauf genommen. Ich platzierte ihn in der Dunkelheit. In der Kälte. Und knallte die Haustür vor ihm zu. Er brauchte zwei Sekunden, bis ihm der Ernst der Lage bewusst war. Ich hörte durch die Tür ein dumpfes Weinen. Er schrie. Anfangs war es noch Protest, später blanke Angst. Der stumme Schrei. Meine Frau blickte mich an, und ich wusste, ohne ein Wort mit ihr zu wechseln, dass sie sich bereits der Mitkomplizenschaft schuldig machte. Nach etwa 20 Sekunden öffnete ich die Tür. Der Kleine Professor drängte hinein und schrie: »Papa Arm!«

Ich wies ihn zurück und packte ihn am Arm und schrie ihn an – so laut wie ich konnte – dass er draußen bleiben müsse, wenn er weiterspringen wolle. Seine Augen waren weit aufgerissen, sein Mund war angstverzerrt und ich sah, dass er nicht nur Angst vor dem Hauseingang hatte, wo er ausgesetzt worden war. Er hatte Angst vor mir. Er winselte: »Nein. Ich springe nicht mehr. Bitte Papa Arm. Papa Arm. Will nicht alleine sein.«

Aus mir sprach der Wolf. Er kam ohne Ankündigung und ich selbst bekam es mit der Angst zu tun. Ich zog den Kleinen Professor hinein ins Warme. Er stand kraftlos und klagend mit hängenden Schultern zwischen mir und dem Wolf. Ich nahm ihn in den Arm. Er schluchzte noch immer. Ich bat ihn um Verzeihung. Ich würde ihn niemals alleine lassen, flüsterte ich ihm ins Ohr. Es sollte nur eine Strafe sein. Er zitterte am ganzen Körper. Ich umarmte ihn so fest ich konnte und wünschte mir im gleichen Moment, dass jemand mich umarmen würde. Ich sagte ihm: »Alles ist gut.« Und ich wünschte mir, dass jemand zu mir sagte, dass alles gut sei. Denn es war ja nichts gut. Ich hatte ihn verbannt. Aus unserem Haus. Aus unserer Familie. Für einige Sekunden aus unserem Leben ausgeschlossen. Auch wenn es keine Minute gewesen war, für ihn musste es sich wie eine Ewigkeit angefühlt haben. Ich hatte gewollt, dass er aufhörte zu lachen, und ich hatte dafür gesorgt, dass er litt. Ich hatte meine Macht ausgenutzt, um ihn zu maßregeln. Ich war nicht viel besser als die prügelnden Väter und sanktionierenden Beamten.

Er beruhigte sich bald schluchzend in meinem Arm. Zu sehr hatte ihn dieses Gefecht geschwächt. Wir legten uns auf das Sofa und ich las aus seinem Lieblingsbuch über das Leben auf dem Bauernhof vor. Er lachte nun auch wieder. Immer wieder an derselben Stelle: »Puh, das stinkt.« Er war mir nicht mehr böse. Es dauerte nur einige Minuten, und er war wie vorher. Vergnügt, wenn auch erschöpft. Nur die heisere Stimme vom Schreien erinnerte noch an den Bruch. »Weiter, Papa.« Er wollte nicht, dass ich zu lange auf den Seiten verharrte. Was vorher war, zählte nicht. Der Kleine Professor hatte mir vergeben. Und mir wurde bewusst, dass er gern vergab. Oder vergaß?

Ich beobachtete manchmal, wie er im Spiel mit anderen Kindern arg behandelt wurde. Doch es dauerte immer nur Minuten, mitunter sogar nur wenige Sekunden, und der Ärger war verflogen. Wie würde die Erwachsenenwelt aussehen, wenn wir das Vergeben nicht verlernt hätten? – »Wir haben im Büro gerade heftig gestritten. Und nun lass uns zusammen Mittag machen.«

»*Tout est pardonné*« – »Alles ist vergeben«, titelte die französische Satirezeitschrift *Charlie Hebdo* einige Wochen nachdem Extremisten in der Redaktion zwölf

Mitarbeiter erschossen hatten. Das Prinzip des bedingungslosen Vergebens kollidiert sehr mit unserem Gerechtigkeitsempfinden. Wir können uns keine Welt vorstellen, in der Missetäter und Bösewichte ungestraft bleiben. Wir leben in einem Rechtsstaat, der nur dann funktioniert, wenn jeder Mensch auf sein Recht besteht. Sobald einige da nicht mitmachen, verkümmert der Rechtsstaat zur Aristokratie. Wie würde eine Gesellschaft aussehen, in der das Vergeben kultiviert würde, und nicht das Recht? Wie das geht, steckt ja in uns Menschen seit Kindertagen drin. Wir würden Ideen wie Nächstenliebe besser ausleben können. Und mir wurde auch klar, wen dieser vielzitierte biblische »Nächste« in meinem Leben darstellte.

Draußen war es mittlerweile stockduster. Der Kleine Professor atmete ruhig und schlief. Wie immer, mit glänzenden, seligen Augenlidern. Kinder sind Meister des Vergebens. Wir alle waren mal Meister des Vergebens.

Ich wusste, dass mir diese Gabe nicht erhalten bleiben würde. Ich verzieh nicht. Vor allem nicht demjenigen, der für nahezu alles verantwortlich ist in meinem Leben: mir.

29

Wer tief gräbt, sollte auch hoch springen können

(Zwei Jahre und fünf Monate)

Der Kleine Professor hatte zwei Hobbys: graben und springen. Er sprang am liebsten aus dem Stand. Über Fußmatten, über Gullideckel, über Pfützen, und ich staunte nicht schlecht, als ich mit einem Maßband mal seine Sprungfähigkeit untersuchte: 80 Zentimeter. Er konnte so gesehen fast über sich selbst springen.

Auf den Spielplätzen liebte er alles, was ihn schweben ließ: Rutschen, Schaukeln und das Trampolin. Der Kleine Professor liebte es zu fliegen. Dann lachte er so herzlich, wie nur er es konnte und seine Augen wurden dabei zu stolzen, sichelförmigen Neumonden. Was er auch stundenlang tun konnte, war, mit der blauen Schaufel im Sand zu graben. Manchmal ging ihm auch sein gelber Bagger zu Hand. Mir fiel auf, dass ihm die Aktivitäten in der Luft eher in Gesellschaft Spaß machten, während er für die Buddelstudien auch ganz allein bleiben konnte. Das Rutschen, Schaukeln und Springen hatte etwas Extrovertiertes, etwas Soziales. Das Buddeln eher etwas Introvertiertes, etwas Autistisches.

Ich fragte mich, ob das Bedürfnis des Grabens vielleicht eine natürliche Veranlagung zur Archäologie war? Bei der Recherche zur Geschichte der Archäologie stieß ich auf ein Dilemma. Wenn Europäer ausschwärmten, um in fernen Ländern zu graben, hatten die einheimischen Forscher wenig mitzureden. Warum das so war, erklärt der Schlachtruf von Napoleon Bonaparte im Jahr 1798, als er mit seiner französischen Armee und 167 Forschern im Morgenland ankam, bei den Pyramiden in Ägypten: »Ihr seid in diesen Landstrich gekommen, um die Zivilisation in das Morgenland zu bringen.« Keiner der europäischen Forscher war auf den Gedanken gekommen, dass eine Kultur, die Pyramiden hervorgebracht hatte, womöglich auch Zivilisation kannte. In ihren Augen war die ägyptische Schlacht, die 20 000 Araber das Leben gekostet hatte, auch kein Überfall, sondern eine »ägyptische Expedition«.

Mir schien: Je tiefer gegraben wird, umso mehr verlieren die Forscher die moralische Bodenhaftung. Der deutsche Philosoph James Alexander Richard D'Arcy, der sich als Angehöriger des nordindischen Jat-Nomadenvolkes selbst »Gipsy-Philosopher« nennt, sagte mal zu mir: »Erkenntnisse kann man nicht jagen. Wenn die Zeit reif ist, kommen sie zu dir.«

Kann das sein? Unvorstellbar, dass Menschen aus der Wissenschaft den Schreibtisch verlassen und erst mal nichts tun. Am besten draußen in der Natur. Wie soll man da auf »$E = mc^2$« kommen? Doch tatsächlich: Viele große Persönlichkeiten haben ihre Erkenntnisse nicht in der Forschung gewonnen, nicht in Zuständen der Anstrengung, sondern in Momenten scheinbaren Nichtstuns. Einem Kaufmann von Mekka namens

Mohammed wurde auf diese Weise die Heilige Schrift offenbart: in einer Felsspalte sitzend. Auch Newton ist ja bekanntermaßen die Erkenntnis unter einem Apfelbaum gekommen. Unter einem Baum sitzend fand auch Prinz Gautama die Erleuchtung und gründete anschließend den Buddhismus. Keiner von ihnen buddelte, keiner sprengte irgendwelche Steinschichten in fernen Ländern in die Luft. Sie hatten auch keinen Lehrstuhl inne, der sie zwang, jedes Jahr Texte zu publizieren, die kaum jemand interessierten. Nein, sie schwebten gewissermaßen in neuen Sphären.

Der Kleine Professor buddelte für sein Leben gern. Doch er achtete von Zeit zu Zeit darauf, dass er auch genügend sprang, ausgiebig hüpfte und flog. Es war wichtig, dass ich oder seine Freunde dabei waren. Das bewahrte ihn davor, im Graben zu versinken und den Blick für das große Ganze zu verlieren. Das verleitete mich zu dem Gedanken, dass das Forschen beides braucht: die Tiefe und die Höhe. Das Bedürfnis, abzutauchen, Fundamentales auszuheben. Doch dies sollte im Austausch stehen mit dem Träumen, der Leichtigkeit des Seins und vor allem mit der Idee, dass die Erkenntnisse aus der Tiefe im friedlichen Miteinander gipfeln sollten. Wir dürfen nicht vergessen: Archäologie hieß früher Schatzsuche, das geschönte Wort für Raub. Lasst uns forschen und gleichzeitig die Lust auf eine friedliche Welt im Auge behalten. So wie der Kleine Professor: graben *und* springen.

30

Wer nichts besitzt, kann auch nichts teilen

(Zwei Jahre und sechs Monate)

Die Straßenverkäuferin Marion gab mir eines Tages am Wegesrand eine blaue Schaufel für den Kleinen Professor mit. Sie trug einen Sack mit sich rum. »Da landen die Spielsachen drin, die man mir gespendet hat«, erklärte sie. Und das war viel.

Sie beschenkte uns bei jeder Gelegenheit mit allerlei Zeug. Ich fand unsere häusliche Spielzeugarmut eigentlich gar nicht so verkehrt, weil sie den Kreativitätsreichtum ankurbelte. Ich zumindest habe seit der Geburt unseres Sohnes kein einziges Spielzeug angeschafft. Ich habe die blaue Schaufel, die mir viel zu groß erschien, gleich als Spende zum Flohmarkt gebracht, noch bevor der Kleine Professor sie zu Gesicht bekam. Nachdem Marion mich einige Wochen später darauf ansprach, warum ich denn ihre Geschenke alle weitergebe, schämte ich mich. So kam es, dass wir doch in den Besitz der blauen Schaufel kamen, die ich für Geld wiedererwerben musste.

Eigentum ist ein eigenförmiges Ding. Die meisten versuchen alles, um es anzuhäufen, und wenn sie es erst mal haben, tun sie alles, um es loszuwerden. Wenn es um das Thema Eigentum geht, gibt es zwei Sichtweisen: Die einen sagen, dass man eigentlich nichts besitzen könne, weder Land noch Geld noch Gedanken. Zugegebenermaßen sind diese Menschen eine schwindende Minderheit. Die Mehrheit sagt, dass Zivilisation nur auf Grundlage von geregelten Eigentumsverhältnissen möglich sei. Eigentum sei nichts Böses, wenn es in der Hand der Richtigen wäre.

Der Kleine Professor forderte mich auf, über die Idee von Eigentum zu sinnieren. Denn er begann, alles Spielzeug auf dem Spielplatz an sich zu reißen. Er war fest davon überzeugt, dass nur ihm die Schaufel, der Eimer und die Bagger zustanden. Solange es die anderen Kinder nicht störte, habe ich ihn auch einfach machen lassen. Doch dann nahm der Kleine Professor ein grünes Sandsieb, das dem Mädchen neben ihm gehörte. Die beiden spielten oft miteinander. Wir kannten die Mutter recht gut. Das Mädchen schien es nicht zu stören, der Kleine Professor spielte mit dem Sandsieb, und die Situation war ruhig. Ich hätte ihm nun korrekterweise das Sieb aus der Hand nehmen und dem Mädchen zurückgeben müssen. Ich hatte ihm schließlich tausendmal erklärt: immer fragen. Nicht einfach nehmen.

Dann schaltete sich die Mutter ein, weil sie es unmöglich fand, dass ihre Tochter nicht gefragt wurde. Ihre Rechte würden beschnitten. Vielleicht war es nicht meine beste Idee, doch ich hoffte, mit einem Ablenkungsmanöver alle zufriedenzustellen. Dem Mädchen bot ich die blaue Schaufel an. Sie streckte schon die Ärmchen danach aus, als ich mir einen Vortrag anhören musste, wie ich meine erwachsene Überlegenheit missbrauche, und dass ich versucht habe, ihre Tochter zu korrumpieren. Ich ging trotzig zum Kleinen Professor, riss ihm das Sieb aus der Hand und gab es dem Mädchen zurück. Statt friedlich nebeneinander im Sand zu sitzen, weinten nun beide Kinder heftig. Dazu kamen der Ärger der Mutter und der Ärger über mich selbst. Die Bilanz dieses Nachmittags war denkbar schlecht: Ich stand nun da, mit der blauen Schaufel, die ich nie besitzen wollte, und hatte vier Menschen, mich inklusive, verärgert.

Was war die Ursache für diesen Sandkastenkrieg? Es war der unterschiedliche Umgang mit Spielzeug. Oder anders gesagt: verschiedene Vorstellungen von Eigentum. Angefangen hatte es mit der blauen Schaufel. Wem gehörte sie eigentlich? Marion (der sie ja auch geschenkt worden war), mir, meinem Sohn (Marion hatte sie ja ihm geschenkt, nicht mir) oder dem Flohmarktstand? Ich wusste, dass man aus juristischer Sicht Gegenstände nicht verschenken kann, die einem nicht gehören. So gesehen war der Eigentümerwechsel von mir zum Flohmarktstand schon anfechtbar. Doch wer sollte das anfechten? Der eigentliche Eigentümer (mein Sohn) wusste ja noch nicht mal von seinem Besitz. So banal, wie es erst einmal klingt, ist es nicht: Man muss in diesem Fall die blaue Schaufel nur durch etwas anderes, größeres ersetzen, dann haben wir die großen Krisenbrandherde der Weltpolitik auf dem Tapet: Wem gehört der amerikanische Boden, auf dem die USA gegründet wurden? Den ansässigen indigenen Völkern offenbar nicht. Wem gehören die Wasserquellen, die manche Getränkekonzerne ihr Eigen nennen? Wem gehören Ideen? Rezepte? Saatgut? Melodien? Witze? Tattoos? Wissen? Es ist eine verrückte Welt: Es gibt tatsächlich eine Rucksackfirma, die glaubt, dass ihr das Bild einer Tatze gehört. Deshalb hat sie Unternehmen verklagt, die eine Tatze zeigten. Sogar Tierschutzvereine. Und das mit Erfolg! Nur Katzen, die eine Tatze in den Schnee gezeichnet hatten, blieben bislang von der Klagewut verschont.

Das Gleiche gilt für Farben. Und die Liebe. »Ich liebe es«, darf nur eine Cheeseburger-Firma sagen. Eine Autofirma überlegt, ob sie Sauerstoff patentieren lassen sollte, weil sie in smogbelasteten Großstädten frischen Sauerstoff in ihre Autos blasen lässt, natürlich mit Aufpreis. Im Internet kann man ja auch Sterne kaufen. Eine Urkunde über den Besitz eines Sternes kostet 100 Dollar. Geht das?

Ich beschäftigte mich fortan mit Karl Marx und wurde ein Verfechter der Theorie, dass Eigentum dem Wohle der Gemeinschaft dienen muss. So steht es ja auch im Grundgesetz, in Artikel 14, Absatz 2. So schräg konnte meine Sicht nicht sein, wenn sie es sogar in die Deutsche Verfassung geschafft hatte. Ich ermutigte den Kleinen Professor mit Hinweis auf Artikel 14 (2) GG, seine blaue Schaufel dem Allgemeinwohl zur Verfügung zur stellen. Er protestierte. Und ich fragte mich, warum er nur so besitzergreifend war. Wo hatte er das bloß her? Es gelang mir nicht, ihn davon zu überzeugen, dass Teilen besser war als Raffgier. Ich beobachtete, dass andere Eltern mit ihren Kindern ähnliche Diskussionen hatten. Teile, teile, teile, fordern wir von unseren Allerkleinsten ein. Und erst als ich die Marion von der Obdachlosenzeitung eines Tages auf der Straße wiedertraf, verstand ich, warum der Kleine Professor und Millionen von anderen Menschen auf der Welt nicht teilen konnten. Ich fragte Marion, warum sie denn all die Spielsachen annehme, wenn sie die eh weiterverschenke. Sie antwortete: »Ich kann doch nur teilen, was ich besitze.«

31

Liebe ist stärker als Kapitalismus

(Zwei Jahre und sieben Monate)

»Ach schau mal, da ist ja noch ein Kind«, zwinkerte meine Frau mir zu, als ich gerade mit dem Kleinen Professor im Sandkasten saß. Um uns herum eine idyllische, wilde Wiese. Wir waren im Urlaub, doch was dann geschah, verriet mir etwas über die dunkle Seite der Gesellschaft.

Die Geschichte hat zwei Ausgänge.

Der Kleine Professor spielte am liebsten mit Kindern, die ein Jahr älter waren. Karl war schon drei. Perfekt! Karl hier. Karl da. Für den Kleinen Professor gab es nur noch Karl. Der konnte nämlich die Feuerkäfer im Garten bezwingen. Er wusste, wie man Papier zu einem Hut faltete. Der Kleine Professor konnte an Karl wachsen. Erfahrungen sammeln.

Dass sich Kinder und später Erwachsene gern an anderen orientieren, die erfahrener sind, zeigt sich im Kindesalter am stärksten. So muss der innere Drang nach Wachstum begründet sein. Das tief verwurzelte Bedürfnis zu lernen, aufzusteigen und menschlich zu wachsen. Hierin liegt womöglich auch begründet, warum wir Menschen uns keine Wirtschaft vorstellen können, die stillsteht, sondern dass sie immer wachsen muss. Mehr

Umsatz, mehr Gewinn, mehr Effizienz, mehr Erfolg. Weil wir selbst auch wachsen wollen. Von klein auf.

Etwas Außergewöhnliches geschah, als am nächsten Tag Caspar kam. Caspar war zwei Jahre älter als Karl, also drei Jahre älter als der Kleine Professor. Caspar besaß eine Füllfedertasche mit zwei Fächern für extra viel Stauraum. Zwar konnte er noch nicht schreiben, aber man konnte sich Caspar schon gut als Vorschulkind vorstellen. Andere Liga und auf jeden Fall eine, die Karl von Grund auf begeisterte und ihn zu Caspar aufschauen ließ. An Caspar konnten sowohl der Kleine Professor als auch Karl wachsen. Das Problem war nur: Caspar mochte den Kleinen Professor nicht. Er warf dem Kleinen Professor eine Gemeinheit nach der anderen an den Kopf und lachte ihn aus: »Du bist zu klein.« Mein Herz pochte schneller in Caspars Anwesenheit. Ich beobachtete alle drei akribisch und sah, wie sich die Miene des Kleinen Professors verzerrte und er sich immerfort mit Nachdruck erklären musste: »Ich bin nicht klein!«

Es machte mich traurig und wütend zugleich, zu sehen, wie ihm allmählich die Freundschaft zu Karl entglitt. Es wurde noch schlimmer: Karl verbündete sich mit Caspar.

Als das neue Duo loszog, um zu lang geratene Grashalme im Garten zu pflücken, beobachtete der Kleine Professor, dass sie Schwierigkeiten hatten, manche Sträucher aus dem Busch zu ziehen. Der Kleine Professor rannte los zur Rezeption und fragte in seiner unnachahmlich charmanten Art nach einer Schere. Mit einer gelben Kinderschere rannte er, so schnell er konnte, zu Karl, um ihm zur Hand zu gehen. Caspar nahm ihm die Schere mit der Begründung weg, er dürfe damit noch nicht schneiden, er sei zu klein. »Ich bin nicht klein!«, protestierte der Kleine Professor und rannte traurig zu meiner Frau. Caspar war der Inbegriff des Bösen.

Am nächsten Tag standen die drei am Sandkasten. Unser Sohn war von den beiden als minderwertig abgestempelt worden. Und ich verstand: So entstehen Minderheiten. Dabei war der Kleine Professor nicht so anders als die beiden. Er konnte all das, was die Mehrheit auch konnte: mit der Schere schneiden, mitreden, Gießkanne befüllen, Blumen sammeln. Er war mit Sicherheit nicht zu klein, um mitzuspielen. Caspar und Karl (die Mehrheit und Norm) hatten ihn zu einem Außenseiter, einem anderen gemacht. Sie hatten ihn »ge-andert«, ihn kleingemacht, den Spielkasten zu ihrer Hochburg erklärt, um ihre Spielräume für sich allein zu haben, und ihre Privilegien ausgeweitet. War das, was sich vor meinen Augen abspielte, nicht die Wirkungsweise von Kapitalismus? Große Fische und kleine Fische. Die Großen nehmen sich die Filetstücke, und andere werden an den Rand gedrängt mit der Begründung, sie wären zu klein, zu ungebildet, zu anders. War das nicht auch die Funktionsweise von strukturellem Rassismus? Ich wurde Zeuge einer Macht, die – global betrachtet – zu Gentrifizierung, Apartheid, Völkermord und Holocaust führen kann. Sind wir etwa von Natur aus machtbesessene Ausbeuter? Ich sah mein Menschenbild zerbröckeln. Doch dann passierte etwas.

Am Sandkasten hörte ich auf einmal fremde Stimmen von neuen Hotelgästen. Eine Frau zeigte auf den Kleinen Professor und jubelte: »Ach, schau mal, da ist ja noch ein Kind!« Die Frau hielt ein Kleinkind an der Hand, das neugierig auf den Kleinen Professor zuging. Das Kind war ein halbes Jahr jünger als der Kleine Professor und griff zaghaft nach einer gelben Schaufel. In mir keimte Hoffnung. Der Kleine Professor beäugte das Kind, entriss ihm die Schaufel und sagte: »Du darfst nicht mitspielen. Du bist zu klein.« Karl grinste. Der Kapitalismus hatte gesiegt. All das Böse, das ich in Caspar sah. Es war auch bereits in meinem Sohn. Er war nicht besser als die Menschen, die ich hasste. Die Natur verdammte uns Menschen dazu, hässlich zu sein. Der Mensch schien böse zu sein. Von Natur aus. Ich konnte an jenem Abend nicht schlafen.

Doch es gibt noch einen anderen Ausgang: Karl zog am nächsten Tag aus. Caspar akzeptierte den Kleinen Professor daraufhin als neuen Freund. Ich war kurz davor zu sagen, dass er sich nicht auf diesen Opportunisten einlassen sollte. Doch das war mehr als töricht. Der Kleine Professor baute mit ihm ein Schiff aus Papier. Er war überglücklich. Und er war kein bisschen nachtragend. Alles verziehen. Die Mutter von Caspar kam am Frühstückstisch zu mir und erzählte mir, dass Caspar in seinem Kindergarten der Kleinste sei und gerade eine schwierige Zeit durchmache. Caspar, der gemeine Sandkastendiktator als unschuldiges Opfer? Mein voreiliger Hass gegenüber diesem Kind schwand allmählich, und mir blieb nur noch eines: den Kleinen Professor dafür zu bewundern, dass er so wenig am Gestern hing. Das ist der zweite Ausgang dieser Geschichte. Auch das scheint in uns Menschen angelegt zu sein: die Freundschaft der Feindschaft vorzuziehen. Liebe ist stärker als Hass. Wir müssen uns aber dafür entscheiden. Jeden Tag neu.

32

Wie man Geister (nicht) bekämpft

(Zwei Jahre und sieben Monate)

Eines Tages fiel mir auf, dass der Kleine Professor Geister sah. Die Sonne strahlte wie in einer Kinderzeichnung und der Himmel leuchtete in einem unverschämt schönen Cyan. Und als wir auf einer Terrasse frühstückten, sagte der Kleine Professor: »Die Hand soll weg.« Meine Frau und ich sahen unsere Hände an, aber keine war in seiner Nähe. Später auf der Straße stampfte der Kleine Professor wie wild auf dem Asphalt und schrie: »Weg mit dir!«

Der Kleine Professor sah Wesen, die ihm nicht geheuer waren. Es waren keine Monster, keine angsteinflößenden Zombies oder so. Es war einfach nur so, dass es ihn störte, dass diese Geister da waren. Jeder Mensch hat Geister, die er nicht loswird. Manche sind ja auch nicht gefährlich, sondern geben uns das Gefühl, nicht allein zu sein. Zweimal sogar half mir so ein Geist auf nasser Straße, als ich mit dem Motorroller stürzte. Ein Schutzengel. Für mich war immer klar, dass es meine Mutter war, die vor vielen Jahren unser Diesseits verlassen hatte. Doch durch den Kleinen Professor lernte ich, wer wirklich hinter diesen Geistern steckte.

Am nächsten Tag stampfte er wieder wild herum und kämpfte gegen einen Geist, der sich wieder sehr hartnäckig an seine Fersen geheftet hatte. Er trat dem Geist genervt in den Bauch. Ich fragte ihn, woher er wusste, wo dessen Bauch war, und dann zeigte er mir seinen Geist. Er war tatsächlich recht groß und hatte keine Augen und keinen Mund. Er war dunkel, meist dunkelgrau und änderte ständig seine Form. Er war mal sehr dick, mal sehr dünn, meist aber unauffällig. Wenn ich mich darauf konzentrierte, konnte ich ihn auch sehen. Ein quirliges Wesen. Für jeden Spaß zu haben. Ein Hofnarr, der den Kleinen Professor zum König gekrönt hatte. Kein Geist, vor dem man Angst haben müsste. Eigentlich zeigte sich unser kleiner Harlekin tagsüber viel zu selten, schaute aber immer nach Sonnenuntergang bei uns vorbei. Er wohnte bei uns zu Hause. Sobald der Kleine Professor nach der Gutenachtgeschichte einschlief, verschwand er kurze Zeit darauf in das Land der Geister. Ich kannte ihn schon länger. Er war vollkommen liebenswürdig und hatte es überhaupt nicht verdient, dass der Kleine Professor ihm in den Bauch trat. Doch ich machte mir um ihn keine Sorgen, weil ich wusste, dass es ihm nichts ausmachte. Dieser Geist war nichts anderes als der Schatten des Kleinen Professors.

Ich versuchte, ihm zu erklären, dass er selbst die Ursache dieses Schattens war. Doch er verstand es nicht, und diese Unterhaltung machte mir klar, dass es ganz schön anmaßend von mir war, ihm zu erklären, was Schatten sind.

Ich sah so viel Ungerechtigkeit in der Welt. So viele egomanische Menschen in der Wirtschaft, so viele hoffnungslose Menschen ohne Zuversicht in den Flüchtlingsunterkünften, so viele Wutbürger voll Hass und so viele dumme Menschen, die dummes Zeug konsumieren und dumme Sachen sagen. Und ich publizierte viele Texte, hielt viele Vorträge, stand immer wieder im grellen Rampenlicht, um selbst Licht ins Dunkel zu lenken. Und um den miesen Geistern eins auszuwischen. Den gierigen Nimmersatts versuchte ich, die Suppe zu versalzen. Den Ignoranten versuchte ich, ein schlechtes Bauchgefühl zu geben. Ja, ich trat genauso naiv wie der Kleine Professor in den Bauch meiner Geister. Und dann dämmerte es mir. Die Geister, die ich bekämpfte, waren meine Schatten.

33

Die Wahrheit über die Wahrheit

(Zwei Jahre und acht Monate)

Der Kleine Professor kramte bei seinem Großvater in der Spielzeugkiste und fragte: »Yeye, wo ist der gelbe Ball?«

»Das ist Bac!«, korrigierte ihn Awram aus der Nachbarschaft. Der Kleine Professor widersprach vehement: »Nein, das ist Yeye!«, und zeigte auf meinen Vater.

Awram, der seinen Bac schon länger kannte als der Kleine Professor seinen Yeye, war sich sicher, dass er richtig lag, und konterte siegesbewusst: »Das ist nicht Yeye, sondern Bac.« Und hielt meinen Vater am Arm fest. Die beiden Streithähne steigerten sich hinein, und es bahnte sich ein Machtkampf an.

Bac ist vietnamesisch und heißt Onkel. Für den Kleinen Professor ist mein Vater sein geliebter chinesischer Großvater. *Yeye* ist Mandarin und heißt Opa. Awrams Mutter ist Vietnamesin und hatte sich früh von ihrem palästinensischen Mann getrennt. Doch Awrams Name stammt von ihm. Awram kannte meinen Vater von Geburt an, und seine Mutter hatte ihm erklärt, er wäre sein Bac.

Awram beschwerte sich nun, der Kleine Professor solle bitte aufhören zu lügen. Doch der Kleine Professor log nicht. In seinen Augen hatte Awram gelogen. War mein Vater nun Bac oder Yeye?

Dieses Beispiel, so amüsant es war, hatte eine tiefere Ebene. Ich nannte diesen Streit Awram-Fall. In meinem Leben ist mir der Awram-Fall schon in vielen verschiedenen Varianten begegnet, meist wenn zwei nicht in der Lage waren, zu verstehen, dass sie beide Recht hatten. Die einen halten ihre Sichtweise für die einzig richtige, nur weil sie die andere Perspektive nicht nachvollziehen können. Es wird um die einzig richtige Wahrheit gestritten: links gegen rechts. Arm gegen reich. Weiß gegen schwarz. Konservativ gegen liberal. FC Bayern gegen Borussia Dortmund. Wer liegt richtig, wer liegt falsch?

»Jenseits von richtig und falsch liegt ein Ort. Dort treffen wir uns.« Das sagte mal der persische Philosoph Rumi (1207–1273). Doch die Wahrheit ist, dass sowohl das Richtige als auch das Falsche wahr sein können. Das wurde mir klar, als ich an einem anderen Tag Awrams Mutter nach der Herkunft des Namens fragte. Sie meinte, er wäre arabischen Ursprungs und eine Variante von Ibrahim, dem Stammvater der Araber. Ibrahims Sohn Ismail soll Mohammed hervorgebracht haben, den Propheten des Islam. So steht es im Koran. Ein jüdischer Freund von mir behauptete, Awram sei hebräisch, bedeute »unser aller Vater«, und er wäre der Stammvater Israels. Als Beweis führte er Abraham an, der in den 24 Büchern des jüdischen Tanach eine zentrale Rolle spielt. Meine christlichen Freunde hingegen sahen ganz klar einen christlichen Ursprung. In der Bibel liest man von Abraham, der ein

Vorfahr von Isaak war, der wiederum Vorfahr von Jakob war, der wiederum Joseph hervorgebracht haben soll und letztendlich auch Jesus.

Wer sagte nun die Wahrheit? Die Wahrheit über die Wahrheit ist: Es gibt keine allgemeingültige Wahrheit. Oder besser: Für jeden Menschen gilt eine eigene Wahrheit. Doch ich lernte noch etwas viel Wichtigeres von dem Kleinen Professor. Nach etwa einer Viertelstunde Gerangel, nach dem die Machtverhältnisse ungeordnet zurückgelassen wurden, hatte Awram den Ball hinter dem Schrank entdeckt. Wichtiger als der Disput war nun erst mal der Ball, den sie sich mit größtem Vergnügen hin und her warfen. Der Streit war vergessen, weil er beim Ballspiel nur behinderte.

Ich lernte, dass man nicht alle Grundsatzfragen bis zum bitteren Ende klären muss, und es vieles auf der Welt gibt, das in Gemeinschaft einfach mehr Laune macht und wichtiger ist als die Wahrheit. Zum Beispiel Ballspielen.

34

Das Geheimnis des Universums

(Zwei Jahre und acht Monate)

»**Geheimnisse** darf man sagen, oder?«, fragte mich der Kleine Professor. Völlig unerwartet traf mich diese Frage. Doch das war ich schon gewohnt.

»Welches Geheimnis möchtest du denn wissen?«, fragte ich meinen neugierigen Lehrer zurück.

»Wo ist Oma?«, fragte der Kleine Professor und popelte dabei mit dem rechten Zeigefinger im linken Nasenloch.

»Na hier!« Ich zeigte auf den Grabstein und legte die Heckenschere beiseite. »Da unter diesem Stein schläft sie«, sagte ich etwas unbeholfen. Dabei ahnte ich nicht, dass ich heute noch eine Antwort bekommen würde, die mein Leben verändern würde. Noch heute Nacht sollte mir der Kleine Professor das Geheimnis des Universums offenbaren.

Der Todestag meiner Mutter jährte sich nun zum 20. Mal. Seit 20 Jahren weilte sie schon nicht mehr unter uns. Das entsprach der Hälfte meines Lebens. Als ich da am Friedhof auf der Wiese saß, wurde ich wehmütig. Was sie alles verpasst hatte: die Hochzeit, den erfolgreichen Kampf meines Vaters gegen sein Herzleiden, die Enkelkinder, meine Anfänge als Architekt. Ich war jetzt so alt wie sie damals, als sie starb.

Es war heiß. 30 Grad. Sonne. Der Kleine Professor trug einen Sonnenhut für seine Mission: Er sammelte trockene Äste und allerlei Kleinkram. Im unteren Fach des Kinderwagens fand ich noch weitere interessante Beutestücke: Kastanien, eine Sonnenblume und eine hellblaue Hortensie. Er griff nach meiner Hand und forderte mich auf, die Kastanien in einen Brunnen zu werfen. Ein dünner, spiegelnder Film legte sich wie ein altes Theaterglas über das ruhige Becken und als ich die erste Kastanie hineinwarf, zeichnete sie Wellen in den Spiegel. Der Kleine Professor freute sich über diese kleine Beobachtung, und ich wunderte mich darüber, dass ich mich nicht mehr darüber wunderte. Die Wellen waren so schön. Wenn Sonnenblumen musizieren könnten, würden die Melodien vermutlich klingen wie die tiefe Stille dieser Kastanie, die sich wellenartig mit dem Wasser verbündete. Ich nahm die blaue Hortensie in die Hand und sah ein Prinzip, das sich sowohl in der Sonnenblume, als auch in der Kastanie wiederholte. Eine spiralförmige Anordnung von Blättern und Strukturen. Die Spirale des Lebens.

Den ganzen Tag dachte ich über dieses Spiralphänomen nach und begegnete ihm fortwährend. Mit ein wenig Fantasie konnte ich es sogar in lachenden Gesichtern sehen, wo die hochgezogenen Augenbrauen, die Lachfalten und ein lachender Mund mit seinen Fältchen eine Art Kreisspirale bildeten. Dann abends beim Zähneputzen. Der Kleine Professor nahm seine Bürste in die Hand. Ich sah die Spirale in der geballten Faust des Kleinen Professors. Der Daumen schien die spiralförmige Weiterführung des Zeigefingers zu sein. Dann begegnete mir die Spirale wieder im Waschbecken. Da sickerte das Wasser spiralförmig in den Abfluss. Der Kleine Professor hatte den Sommerhut wieder aufgesetzt: »Ich bin ein Jäger!«, rief er stolz. Der Jäger der Wasserspiralen, dachte ich.

Im Bücherregal griff ich nach dem Was-ist-Was-Buch, welches ich schon als Kind gelesen hatte. Ich las dem Kleinen Professor aus den Geschichten über das Volk der Maya vor. Vor über 3000 Jahren besiedelten sie Amerika. Keine Ahnung, warum alle immer sagen, Christoph Kolumbus soll der Erste in Amerika gewesen sein. Auf der Seite zeigte der Kleine Professor auf die Abbildung eines Amuletts: Hunabku – so nannten die Maya den Gott ihrer Götter – in Gestalt eines »galaktischen Schmetterlings«. Und da war die Spirale wieder: Die Schmetterlingsflügel drehten sich spiralförmig nach außen. Für die Maya war Hunabku der Hüter des Kosmos.

Dann lasen wir von einem italienischen Mathematiker, der nach Syrien aufbrach, um das Geheimnis der Spirale zu erforschen. Sein Name war Leonardo Fibonacci und er fand heraus, dass sich die Spirale mit einer bestimmten Zahlenfolge vergrößert: 1 – 1 – 2 – 3 – 5 – 8 – 13 – 21 – 34 ... Das hat etwas mit dem goldenen Schnitt zu tun, den man sowohl in den Proportionen des menschlichen Körpers als auch im Tier- und Naturreich vorfindet. Nach dieser Zahlenfolge ist auch die menschliche Ohrmuschel gedreht und es stellte sich heraus, dass im Blumenreich die Zahlenfolge oft in der Zahl 34-mal mündet. Denn

Blätter, die 34 Mal um den Stiel gedreht sind, haben die optimale Lichtausbeute. Diese Blätter beten gewissermaßen die Sonne an. Die Sonnenblume dreht sich ebenfalls mit der Zahl 34. Auch die Yogis verbinden mit der Zahl 34 einen himmlischen Bezug. Sie zählen 34 Himmelskörper. Und der Koran erzählt in der 34. Sure von einem Volk namens Sabäer. Das waren Sternenbeobachter. Es gibt offensichtlich einen Zusammenhang zwischen irdischen Spiralen und den Sternen. Doch welchen?

Der Kleine Professor atmete schwer. Er war mittlerweile eingeschlafen. Und ich kramte ein anderes Was-ist-Was-Buch heraus. Das über die Entstehung der Galaxie. Ich betrachtete lange ein Bild der Milchstraße. Da war sie wieder. Die Spirale des Lebens.

Leben kann nicht auf trockenen Planeten entstehen. Auch die Erde war mal trocken wie der Mond, doch heute besteht sie zu 70 Prozent aus Wasser. Wasser ist der Ursprung des Lebens. Die ersten Lebewesen waren Wasserwesen. Das Zwerchfell in unserem Bauch erinnert an die Zeit, als alle Lebewesen im Wasser lebten und durch Kiemen atmeten. Das Zwerchfell verursacht den Schluckauf. Ein Überbleibsel evolutionärer Rätsel. Dieser Satz katapultierte mich in den Kreißsaal zurück, in die Nacht, als der Kleine Professor das Licht der Welt erblickte. Der Schluckauf war sein erster Kommentar.

Wasser bedeutet also Leben. Doch woher kommt dieses Wasser? Ich las daraufhin den alles entscheidenden Satz: von Asteroiden aus dem All. Das Wasser ist uns zugeflogen, aus den Weiten des Universums!

Der Ursprung allen Lebens und dabei gleichzeitig in einen niemals endenden Kreislauf eingebunden. Wir bestehen größtenteils aus Wasser und dieses Wasser wird im Kreislauf der Natur zu Kohlenstoffdioxid, zu Wolken, zu Regen, zum Meer, zum blauen Planeten. Wenn man Wassermoleküle markieren und ihre Reise dokumentieren könnte, dann würde diese Reise nicht nur in die Körper von anderen Menschen führen, sondern auch durch andere Tiere und durch Wurzeln und Baumkronen. Ich verstand plötzlich, warum der Kleine Professor so gern Baumkronen beobachtete, warum wir als Embryos alle evolutionären Stadien durchlaufen. Warum wir uns nach den Weiten des Meeres sehnen. Das Wasser in mir macht mich zu einem Verwandten der Frösche auf den Tuamotu-Inseln, zu Verwandten der Berge, zu einem Verwandten der Sonne. Wasser könne sogar, so der japanische Wasserkünstler Masaru Emoto, Gefühle speichern. Das hält die Wissenschaft für Esoterik. Doch der Gedanke ist interessant. Wenn das Wasser in mir schon in Millionen anderer Lebensformen war, dann darf es mich nicht wundern, wenn ich eine Verbundenheit mit der Welt fühle. Umso mehr wunderte mich in diesem Moment der Erkenntnis, dass wir Menschen pausenlos anderen Lebewesen und der Natur Leid zufügen. Das wäre so, als ob mein Arm gegen mein Bein kämpfen würde. Krieg, Hass und Ignoranz ergeben für mich aus dieser Perspektive heraus keinen Sinn.

Wo meine verstorbene Mutter sei, hatte mich der Kleine Professor an diesem Morgen gefragt. Die richtige Antwort wäre gewesen: Sie ist in mir, im Kleinen

Professor. Sie ist nie weg. Auch ich war in ihr, bevor ich war. Alles ist. Alles fließt. Zu allen Zeiten.

Mit leicht geöffneten Mund sank der Kleine Professor in den Tiefschlaf. Als ich ihm den Sommerhut vorsichtig abnahm, um ihm einen Kuss auf die Stirn zu geben, wurde mir plötzlich ganz warm in der Bauchgegend. Ich entdeckte ein Zeichen. Ich sah vor mir den galaktischen Schmetterling Hunabku, die Sonnenblume und die Kastanie zugleich. Und ich sah die Hortensie, den Wasserstrudel. Ein Zeichen lüftete das Geheimnis, dass wir nicht von dieser Welt sind. Mein Atem hielt an. Auf seinem Hinterkopf spiegelte sich das Echo des Universums wieder. Ich blickte in seinen wunderbaren Haarwirbel. Die Spirale des Lebens.

Danksagung

Ich danke Elke und Hannes Steiner für das Vertrauen und allen im Verlag für die umfassende Unterstützung, unserer Hebamme Gundula Schmidt, Hanna und Reinhard Kahl und den Kommentatoren auf Facebook, insbesondere Claudia Seynabou, Hedi Kirnbauer, Sonja Wuchert, Karolin Mukama, Annette Kübler, Nadia Doukali, Sonja Marionsdóttir, Ortrud Kunze, Myhna Common, Monika Sundermann, Anke Stein und allen anderen Unterstützern. Danke an die Buchhandlungen für den Mut, mit mir Aktionen in ihren Häusern zu planen. Dank gebührt auch meiner Lektorin Birgit Schmitz, von der ich viel gelernt habe. Am meisten danke ich Henri und Ida dafür, dass ihr mich als Student aufgenommen habt. Danke Luise für Deine Geduld und Deine Liebe.
Leserinnen und Leser können hier gerne Kommentare hinterlassen und mit mir in Kontakt treten:
www.fb.com/derkleineprofessor

Mit Kackwürstchen-Grüßen,
Euer Van Bo